НЕБЕСА I

НЕБЕСА I

СТОЛЬ ЖЕ ЯСНЫЕ И ПРЕКРАСНЫЕ, КАК КРИСТАЛЛ

доктор Джей Рок Ли

URIM BOOKS

НЕБЕСА I: Автор – Доктор Джей Рок Ли

Опубликовано издательством «Урим Букс». (Представитель: Kyungtae Noh)
73, Yeouidaebang-ro 22-gil, Dongjak-gu, Сеул, Корея
www.urimbooks.com

Все цитаты из Священного Писания, если это не оговорено, взяты из текста Библии в Синодальном переводе.

Первое издание в 2009 г.
Второе издание в 2018 г.

Издано впервые на английском языке в феврале 2003 года. Издана на корейском языке издательством «Urim Books, Урим Букс», Сеул, Корея в 2002 году.

Редактор: д-р Джеум Сан Вин
Дизайн Редакционного бюро «Урим Букс», тираж отпечатан издательской компанией «Уон Принтинг Компани», Сеул, Корея. За дополнительной информацией обращайтесь по электронной почте: urimbook@hotmail.com

Бог любви не только направляет каждого верующего по пути спасения, но и открывает тайны Небес.

«Где я окажусь после смерти? Действительно ли существуют Небеса и ад?». Подобные вопросы человек задает себе хотя бы один раз в жизни. Многие умирают прежде, чем находят ответы на эти вопросы.

Многие, веря в загробную жизнь, не обретут Небес, потому что не у каждого человека есть необходимое знание. Небеса и ад — не фантазия, а действительность духовного царства. Небеса — прекраснейшее, ни с чем не сравнимое место. Красота Нового Иерусалима, где расположен Божий Престол, и счастье живущих там людей не поддаются описанию. Там все создано из лучших материалов на высочайшем уровне мастерства.

Ад полон бесконечной, ужасающей боли и вечного наказания; его страшная действительность подробно объясняется в книге «Ад». Иисус Христос и апостолы свидетельствовали о Небесах и аде, и даже сегодня о них подробно рассказывают Божьи люди, искренне верующие в

Него.

Небеса — место, где Божьи дети наслаждаются вечной жизнью, им приготовлены прекрасные и дивные обители. Подробно узнать о Небесах можно лишь, если вам разрешит Бог и покажет их.

В течение семи лет я постился и в молитве просил Бога открыть мне Небеса, и начал получать от Него ответы. Теперь Бог являет мне еще больше тайн духовного царства, раскрывая их глубину. Поскольку Небеса невидимы, их очень трудно описать человеческим языком, используя знания этого мира. При этом могут возникнуть некоторые недоразумения. Именно поэтому апостол Павел не рассказывал подробно о Рае на Третьих Небесах, представших ему в видении.

Бог также учил меня многим тайнам Небес. Много месяцев я проповедовал о счастливой жизни в небесных обителях и награде на Небесах, которую верующие получат согласно мере своей веры. Однако поведать обо всем, что я узнал, было нельзя.

Причина, по которой Бог позволяет мне в этой книге

раскрыть тайны духовного царства, заключается в том, что это поможет спасти многие и многие души и направить их на Небеса, ясные и прекрасные, как кристалл.

Всю благодарность и славу за издание книги «*Небеса I: столь же ясные и прекрасные, как кристалл*» я воздаю Богу. Надеюсь, что вы поймете большую любовь Бога, который показывает вам тайны Небес и ведет всех людей по пути спасения, чтобы и вы могли обладать Небесами. Я также надеюсь, что вы стремитесь к цели вечной жизни в Новом Иерусалиме.

Приношу благодарность Джеум Сан Вин, директору Редакционной коллегии, и Бюро переводов за проделанную работу по изданию этой книги. Во имя Господа Иисуса Христа я прошу Бога, чтобы с помощью этой книги многие души спаслись и получили радость вечной жизни в Новом Иерусалиме.

Джей Рок Ли

 ВВЕДЕНИЕ

Надеюсь, что каждый из вас осознает терпеливую Божью любовь, исполнится полнотой духа и устремится к Новому Иерусалиму

Всю благодарность и славу я воздаю Богу, который направляет многих людей к тому, чтобы они должным образом узнали о духовном царстве и устремились к цели с надеждой на Небеса, прочитав книги *«Ад»* и *«Небеса»*.

Эта книга состоит из десяти глав, и в ней в деталях рассказывается о жизни в различных местах Небес и их красоте, о награде согласно мере веры каждого человека. Здесь изложено то, что, по вдохновению Святого Духа, Бог открыл преподобному доктору Джей Року Ли.

Глава 1-я, «Небеса: столь же ясные и прекрасные, как кристалл», описывает вечное счастье Небес. Здесь дается обзор общего вида Небес, где уже не будет нужды в сиянии солнца или луны.

Глава 2-я, «Эдемский сад и Место Ожидания Небес», объясняет местоположение, вид и жизнь в Эдемском саду, помогая вам лучше понять Небеса. В этой главе также говорится о замысле и провидении Бога, который посадил дерево «познания добра и зла» и духовно развивает людей. Кроме того, здесь описывается Место Ожидания, где до Судного Дня находятся спасенные люди, а также жизнь в этом месте. Рассказывается, кто из людей немедленно, без всякого ожидания, попадает в Новый Иерусалим.

Глава 3-я, «Семилетний Брачный пир», рассказывает о Втором Пришествии Иисуса Христа, Семилетней Великой Скорби, возвращении Господа на землю, Тысячелетнем Царстве и вечной жизни после этих событий.

Глава 4-я, «Тайны Небес, скрытые со времени Творения», охватывает тайны, о которых стало известно благодаря притчам Иисуса, и рассказывает, как обладать Небесами, о месте, где много обителей.

Глава 5-я, «Как мы будем жить на Небесах?», повествует, какими окажутся рост, вес и цвет кожи духовного тела, и как мы будем жить. С помощью различных примеров радостной жизни на Небесах эта глава также убеждает вас в том, что нужно активно стремиться к Небесам, возлагая на них большую надежду.

Глава 6-я, «Рай», объясняет Рай, который является самым низким уровнем Небес, и все же он намного красивее и счастливее этого мира. Здесь объясняется, какие люди попадут в Рай.

Глава 7-я, «Первое Небесное Царство», раскрывает жизнь и награду Первого Царства, которое вмещает людей, принявших Иисуса Христа и старающихся жить согласно Божьему Слову.

Глава 8-я, «Второе Небесное Царство», повествует о жизни и награде Второго Царства, где находятся те, кто освятился не полностью, но справился со своими обязанностями. В этой главе также подчеркивается значение послушания и выполнения своего долга.

Глава 9-я, «Третье Небесное Царство», раскрывает красоту и славу Третьего Царства, которое нельзя сравнить со Вторым Царством. Третье Царство — место только для тех, кто отверг все свои грехи, греховную природу, приложив усилия и получив помощь Святого Духа. Здесь объясняется любовь Бога, который допускает испытания и скорби.

Глава 10-я, «Новый Иерусалим», показывает Новый Иерусалим, самое прекрасное и великолепное место на Небесах, где расположен Божий Престол. Эта глава описывает людей, которые попадут в Новый Иерусалим. В завершение главы автор дает читателям надежду на примере обителей двух человек в Новом Иерусалиме.

Для Своих возлюбленных детей Бог подготовил Небеса, которые являются столь же ясными и прекрасными, как кристалл. Он хочет, чтобы многие люди спаслись, предвкушая увидеть Своих детей в Новом Иерусалиме.

Во имя Господа я надеюсь, что все читатели книги *Небеса I: столь же ясные и прекрасные, как кристалл* осознают великую Божью любовь, исполнятся полнотой духа и, изменяя свои сердца в сердце Господа, будут настойчиво стремиться к Новому Иерусалиму.

Джеум Сан Вин,
Директор Редакционной коллегии

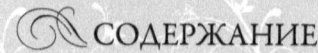
СОДЕРЖАНИЕ

ПРЕДИСЛОВИЕ

ВВЕДЕНИЕ

 Глава 1

Небеса: столь же ясные и прекрасные, как кристалл

*И показал мне чистую реку воды жизни,
светлую, как кристалл, исходящую
от престола Бога и Агнца. Среди улицы его,
и по ту и по другую сторону реки,
древо жизни, двенадцать раз
приносящее плоды,
дающее на каждый месяц плод свой;
и листья дерева — для исцеления народов.
И ничего уже не будет проклятого;
но престол Бога и Агнца будет в нем,
и рабы Его будут служить Ему.
И узрят лице Его, и имя Его будет на челах их.
И ночи не будет там, и не будут иметь нужды
ни в светильнике, ни в свете солнечном,
ибо Господь Бог освещает их;
и будут царствовать во веки веков.*

- Откровение Иоанна Богослова 22:1-5

Многие люди спрашивают: «Сказано, что у нас будет вечно счастливая жизнь на Небесах. А где это?». Если вы слышали свидетельства тех, кто побывал на Небесах, то вам известно, что большинство из людей проходило сквозь длинный туннель. Это вызвано тем, что Небеса находятся в духовной сфере, которая очень отличается от мира, в котором вы живете.

Живущие в нашем трехмерном мире, не имеют подробного представления о Небесах. Вам становится известно об этой дивной сфере, превосходящей трехмерный мир, только тогда, когда о ней рассказывает Бог или когда вы имеете духовное зрение. Если вы обладаете подробной информацией об этом духовном царстве, не только ваша душа будет преуспевать и здравствовать, но и ваша вера начнет быстро возрастать, а Бог будет любить вас. Поэтому с помощью многих притчей Иисус рассказал о тайнах Небес, а апостол Иоанн подробно повествует о Небесах в Книге Откровение Иоанна Богослова.

Что такое Небеса и как там будут жить люди? Вы сможете на короткое мгновение увидеть Небеса, «столь же ясные и прекрасные, как кристалл», где Бог приготовился навечно разделить Свою любовь со Своими детьми.

Новые Небеса и Новая Земля

Первые небеса и первая земля, которые создал Бог, были столь же ясными и прекрасными, как кристалл, но из-за непослушания Адама, первого человека, они были прокляты. Быстрое промышленно-технологическое развитие, проникающее во все сферы человеческой жизни, осквернило эту землю, поэтому сегодня многие призывают к защите природы.

Когда придет время, Бог отвергнет первые небеса и землю и явит новые Небеса и новую землю. Хотя эта земля стала оскверненной и испорченной, она все еще необходима для развития истинных Божьих детей, которые смогут попасть на Небеса. Вначале Бог сотворил землю, потом человека и привел его в Эдемский сад. Бог предоставил ему максимальную свободу и изобилие, позволив ему все, кроме вкушения от дерева «познания добра и зла». Тем не менее человек нарушил единственный Божий запрет, за что и был впоследствии изгнан в этот мир, первые небеса и первую землю. Поскольку Всемогущий Бог знал, что человеческий род пойдет путем смерти, до начала времен Он приготовил Иисуса Христа и в соответствующее время послал Его на нашу землю. Тот, кто принимает Иисуса Христа, распятого и воскресшего, преобразуется в новое творение и попадет на новые Небеса и новую землю и будет обладать вечной жизнью.

Голубое небо новых Небес, ясное, как кристалл

Новое небо Небес, которое приготовил Бог, заполнено чистым воздухом, оно будет действительно ясным, чистым и прозрачным в отличие от воздуха в этом мире. Представьте ясное и высокое небо с чистыми белыми облаками. Насколько замечательным и прекрасным это будет! Но почему Бог сделает новое небо голубым? В духовном смысле голубой цвет побуждает вас почувствовать глубину, высоту и чистоту. Очень чистая вода также кажется голубой. Когда вы смотрите на голубое небо, то чувствуете, как обновляется ваше сердце. Бог позволил небу этого мира казаться голубым, потому что и ваше сердце Он создал чистым и дал вам желание искать Творца. Если, глядя на голубое, ясное небо, вы признаете: «Там должен быть Мой Творец. Он создал такую красоту!», — ваше сердце будет очищено, и вам захочется вести правильную жизнь. А если бы все небо казалось желтым? Вместо ощущения комфорта, глядя на небо, люди бы чувствовали себя странно и неловко, а некоторые столкнулись бы с психическими проблемами. Различные цвета по-разному воздействуют на психику человека. Именно поэтому Бог сотворил новое небо Небес голубого цвета и разместил чистые белые облака, чтобы Его дети обрели счастливую жизнь и имели чистые и прекрасные, как кристалл, сердца.

Новая земля Небес, сделанная из чистого золота и драгоценных камней

Какой будет новая земля на Небесах? На новой земле Небес, которую Бог сделал чистой и ясной, как кристалл, не будет грязи или пыли. Новая земля состоит только из чистого золота и драгоценных камней. Как дивно будет оказаться на Небесах, где будут сверкать дороги, сотворенные из таких материалов!

Наша землю покрывает грунт, который со временем изменяется. Такая изменчивость говорит нам о тщетности и смерти. Бог позволил всем растениям, которые появляются из почвы, приносить плоды и увядать, падая в землю, чтобы вы могли понять: у жизни на этой земле есть конец.

Небеса сотворены из чистого золота и драгоценных камней, которые не изменяются, потому что Небеса — истинный и вечный мир. Так же, как на этой земле появляются растения, они будут расти на Небесах, если их посадить. Однако там эти насаждения никогда не увянут и не погибнут в отличие от этой земли. Кроме того, даже холмы и замки там сделаны из чистого золота и драгоценных камней. Как это будет красиво! Имейте истинную веру и не упустите красоту и счастье Небес, которые нельзя адекватно выразить никакими словами.

Исчезновение Первых Небес и Первой земли

Что произойдет с первыми небесами и первой землей, когда появятся эти прекрасные новые Небеса и новая земля?

«И увидел я великий белый престол и Сидящего на нем, от лица Которого бежало небо и земля, и не нашлось им места» (Откр. 20:11).

«И увидел я новое небо и новую землю, ибо прежнее небо и прежняя земля миновали, и моря уже нет» (Откр. 21:1).

Когда люди предстанут на суде добра и зла, первые Небеса и земля исчезнут. Это не означает, что они полностью пропадут, их переместят в другое место. Зачем Бог переместит первые Небеса и первую землю, а не избавится от них совершенно? Это вызвано тем, что если Он полностью уничтожит их, Его детям, живущим на Небесах, будет не хватать первых Небес и земли. Хотя на первых Небесах и земле они переносили горе и трудности, у них будет тоска по ним, потому что когда-то здесь был их дом. Зная об этом, Бог любви переместит их в другую часть вселенной, а не полностью избавится от них.

Вселенная, где вы живете, представляет собой

бесконечный мир, и существует очень много других вселенных. Так что Бог переместит первые Небеса и первую землю в один из уголков вселенной и позволит Своим детям при необходимости посещать их.

Не будет плача, горя, смерти или болезней

Новые Небеса и новая земля, где будут жить Божьи дети, спасенные верой больше никогда не будут подвергаться новому проклятию и будут всегда наполнены счастьем. В Откровении Иоанна Богослова 21:3-4 мы читаем, что на Небесах не будет плача, горя, смерти, вопля или болезней, потому что там присутствует Бог.

> *«И услышал я громкий голос с неба, говорящий: се, скиния Бога с человеками, и Он будет обитать с ними; они будут Его народом, и Сам Бог с ними будет Богом их. И отрет Бог всякую слезу с очей их, и смерти не будет уже; ни плача, ни вопля, ни болезни уже не будет, ибо прежнее прошло...».*

Представьте, что вы оказались в стесненных материальных обстоятельствах, и вы и ваши дети голодаете. Какая вам польза от того, что кто-то придет и скажет: «Вы голодны, и плачете от голода», - утрет вам слезы, но ничего вам не даст? Чем вам можно помочь? Необходимо накормить вас, чтобы вы и ваши дети не голодали. Только после этого вы перестанете плакать.

Подобным образом слова о том, что Бог вытрет каждую слезу с ваших глаз, означают, что если вы спасены и направляетесь на Небеса, то у вас больше не будет волнений или тревог, потому что на Небесах нет слез, горя, смерти, печали или болезней.

Верит ли человек в Бога или нет, ему приходится переносить на этой земле скорби. Даже перенеся небольшую потерю, мирские люди очень сильно огорчаются. Верующие с любовью и милосердием будут скорбеть о тех, кто все еще не спасен. Однако, как только вы попадете на Небеса, вам уже не нужно будет бояться смерти или беспокоиться о прегрешениях других людей и ожидающей их вечной смерти. Нет необходимости страдать от грехов, поэтому печали не будет.

На этой земле вы стонете от печалей. На Небесах вы не будете стонать, потому что там не будет болезней или забот. Вас ожидает вечное счастье.

Река воды жизни

Река воды жизни на Небесах, прозрачная, как кристалл, протекает в середине большой улицы. В Откровении Иоанна Богослова 22:1-2 приводится объяснение реки воды жизни, и мы можем быть счастливы, просто представив это.

«И показал мне чистую реку воды жизни, светлую, как кристалл, исходящую от престола Бога и Агнца. Среди улицы его, и по ту и по другую сторону реки, древо жизни, двенадцать раз приносящее плоды, дающее на каждый месяц плод свой; и листья дерева - для исцеления народов».

Когда-то мне довелось поплавать в очень чистой воде Тихого океана. Вода была настолько прозрачная, что можно было рассматривать растения и ловить рыбу. Это оказалось настолько красиво, что я был просто счастлив там находиться. Даже в этом мире, глядя на чистую воду, вы способны почувствовать, как ваше сердце становится обновленным и очищенным. Насколько счастливее будет на Небесах, где в середине большой улицы протекает река воды жизни, прозрачная, как кристалл!

Река воды жизни

Даже в этом мире, если вы смотрите на чистую морскую воду, ее поверхность отражает свет, который дивно сияет. Река воды жизни на Небесах выглядит издалека голубой, но если посмотреть на нее с более близкого расстояния, она настолько прозрачная, прекрасная, безупречная и чистая, что это можно выразить словами «столь же светлая, как кристалл».

Почему же эта река воды жизни течет от Престола Бога и Агнца? В духовном смысле вода относится к Божьему Слову, которое является пищей жизни, и через него вы получаете вечную жизнь. В Евангелии от Иоанна 4:14 Иисус говорит: *а кто будет пить воду, которую Я дам ему, тот не будет жаждать вовек; но вода, которую Я дам ему, сделается в нем источником воды, текущей в жизнь вечную*. Божье Слово — вода вечной жизни, которая дает вам жизнь, и именно поэтому река воды жизни исходит от Престола Бога и Агнца.

Какова на вкус вода жизни? Она сладкая, вам не с чем ее сравнить в этом мире, и, выпив ее, вы почувствуете большой прилив энергии. Бог дал людям воду жизни, но после грехопадения Адама вода на этой земле тоже была проклята. С тех пор здесь люди не в состоянии вкусить воду жизни. У вас появится такая возможность только после того, как вы попадете на Небеса. Люди на земле пьют грязную воду и ищут искусственные напитки вместо чистой воды. Вода на земле никогда не даст человеку вечной жизни, ее дарует вода жизни на Небесах, Божье Слово. Это слаще меда, стекающего из сот, и укрепляет ваш дух.

Все реки протекают вокруг Небес

Река воды жизни, которая течет от Престола Бога и Агнца, как кровь, циркулирующая в вашем теле, поддерживающая в нем жизнь. Она протекает по всем Небесам в середине широкой улицы и возвращается к Престолу Бога. Почему же река воды жизни обходит вокруг всех Небес, проходя в середине широкой улицы? Прежде всего, эта река воды жизни — самый простой способ достичь Божьего Престола. Поэтому, чтобы попасть в Новый Иерусалим, где расположен Божий Престол, на каждой стороне реки нужно просто следовать по улице, сделанной из чистого золота.

Во-вторых, путь к Небесам находится в Божьем Слове, и вы способны туда попасть только тогда, когда идете этим путем Божьего Слова. Поскольку в Евангелии от Иоанна 14:6 Иисус говорит: *«Я есмь путь и истина и жизнь; никто не приходит к Отцу, как только через Меня»*, — это и есть путь к Небесам в Божьем Слове истины. Когда вы действуете согласно Божьему Слову, то можете попасть на Небеса, где течет Божье Слово, река воды жизни.

Подобным образом Бог создал Небеса так, что, только следуя реке воды жизни, вы способны достигнуть Нового Иерусалима, где расположен Божий Престол.

Золотые и серебряные пески на берегу реки

Что же будет на берегу реки воды жизни? Сначала необходимо отметить, что золотые и серебряные пески прибрежной полосы распространяются вдаль и вширь. Песок на Небесах круглый и настолько мягкий, что вообще не станет прилипать к одежде, даже если с ним играть. Кроме того, там расположены удобные скамейки, украшенные золотом и драгоценностями. Вы будете сидеть на них вместе со своими любимыми и вести благословенные разговоры, а прекрасные ангелы будут вам служить. На этой земле вы восхищаетесь ангелами, а на Небесах они станут называть вас «господином» и служить вам. Если захочется какой-нибудь плод, ангел принесет его в корзине, украшенной драгоценными камнями или цветами, и сразу подаст вам. Кроме того, с обеих сторон реки воды жизни видны красивые цветы разных видов, птицы, насекомые и животные. Они также служат вам как господину, и вы будет относиться к ним с любовью. Насколько замечательны и прекрасны эти Небеса, а также река воды жизни!

Дерево жизни на каждой стороне Реки

В Откровении Иоанна Богослова 22:2 подробно рассказывается о дереве жизни на каждой стороне реки воды жизни.

«Среди улицы его, и по ту и по другую сторону реки, древо жизни, двенадцать раз приносящее плоды, дающее на каждый месяц плод свой; и листья дерева - для исцеления народов».

Почему же Бог поместил дерево жизни, приносящее двенадцать раз плод, на каждой стороне реки? Прежде всего Ему хотелось, чтобы все Его дети, которые попали на Небеса, почувствовали красоту и жизнь Небес. Бог также желал напомнить им о том, что, поступая согласно Божьему Слову, они приносят плоды Святого Духа, так же, как на этой земле могли принимать пищу после тяжелого труда. Необходимо кое-что понять здесь. Приношение плода двенадцать раз не подразумевает, что столько раз на одном дереве созревает урожай плодов. Имеется в виду плодоношение на различных видах дерева жизни. Из Библии мы узнаем, что двенадцать племен Израиля были сформированы с помощью двенадцати сынов Иакова, и эти двенадцать племен образовали народ Израиля и те народы, которые во всем мире принимают христианство. Даже Иисус Христос избрал двенадцать учеников, и благодаря им Евангелие было проповедано и распространено во всех народах. Поэтому приношение плода на дереве жизни двенадцать раз символизирует то, что, следуя вере, человек из любого народа в состоянии принести плоды Святого Духа и попасть на Небеса.

Если вы отведаете от прекрасного и вкусного плода с дерева жизни, то ощутите свежесть и счастье. Как только один плод сорван, на его месте вырастает другой, поэтому плоды никогда не закончатся. Листья дерева жизни - темно-зеленые и сверкающие - навсегда остаются такими, потому что они не будут опадать или употребляться в пищу. Эти зеленые и блестящие листья намного крупнее листьев деревьев этого мира и растут очень упорядоченно.

Престол Бога и Агнца

В Откровении Иоанна Богослова 22:3-5 описывается местоположение Престола Бога и Агнца посреди Небес.

«И ничего уже не будет проклятого; но престол Бога и Агнца будет в нем, и рабы Его будут служить Ему. И узрят лице Его, и имя Его будет на челах их. И ночи не будет там, и не будут иметь нужды ни в светильнике, ни в свете солнечном, ибо Господь Бог освещает их; и будут царствовать во веки веков».

Престол находится посреди Небес

Небеса — вечное место, где с любовью и праведностью правит Бог. В Новом Иерусалиме, расположенном посреди Небес, находится Престол Бога и Агнца. Слово Агнец здесь относится к Иисусу Христу (Исх. 12:5; Иоан. 1:29; 1 Пет. 1:19). Не каждый в состоянии взойти туда, где обычно пребывает Бог. Его Престол расположен в другом измерении по отношению к Новому Иерусалиму. Божий Престол в этом месте намного прекраснее и ярче, чем тот, который находится в Новом Иерусалиме. Престол Бога в Новом Иерусалиме — место, куда сходит Сам Бог, когда Его дети поклоняются или сидят за праздничным столом. В

Откровении Иоанна Богослова 4:2-3 объясняется, как Бог восседает на Своем Престоле.

> *«И тотчас я был в духе; и вот, престол стоял на небе, и на престоле был Сидящий; и Сей Сидящий видом был подобен камню яспису и сардису; и радуга вокруг престола, видом подобная смарагду».*

Вокруг Престола — двадцать четыре старца с золотыми венцами на головах, и они одеты в белую одежду. Перед Престолом находятся семь Божьих духов и стеклянное море, подобное кристаллу. В центре и вокруг Престола видны четыре животных, а также большое небесное воинство и ангелы. Кроме того, Божий Престол покрыт светом. Это настолько красиво, удивительно, величественно, возвышенно и великолепно, что превосходит человеческое понимание. На правой стороне от Престола Бога — Престол Агнца, нашего Господа Иисуса Христа. Он определенно отличается от Престола Бога, но у Бога Троицы - Отца, Сына и Святого Духа - одно сердце, характеристики и сила.

Более подробно о Престоле Бога рассказывается во второй книге серии *Небеса*, названной: *«Место, заполненное Божьей Славой»*.

Нет ни ночи, ни дня

С любовью и справедливостью Бог управляет Небесами и вселенной со Своего Престола, который сияет святым и великолепным светом славы. Посреди Небес и около него находится Престол Агнца, который также сияет светом славы. Поэтому Небеса не нуждаются ни в солнце, ни в луне, ни каком-либо другом источнике света или электричестве, которые бы их освещали. На Небесах нет ни ночи, ни дня. В Послании к Евреям 12:14 нам сказано следующее: *«Старайтесь иметь мир со всеми и святость, без которой никто не увидит Господа»*. В Евангелии от Матфея 5:8 Иисус обещает, что: *«Блаженны чистые сердцем, ибо они Бога узрят»*.

Поэтому те верующие, которые в своем сердце избавляются от всякого рода зла, полностью повинуясь Божьему Слову, смогут увидеть Божий лик. Насколько они уподобляются Господу, настолько в этом мире у них будут благословения, и на Небесах эти люди окажутся ближе к Престолу Бога. Как счастливы будут те, кто сможет увидеть Божий лик, служить Ему, и вечно пребывать в любви! Но точно так же, как вы не можете смотреть на яркое солнце, вы не можете увидеть вблизи лицо Бога, если не уподобляетесь сердцу Господа.

Вечное счастье на Небесах

На Небесах можно наслаждаться истинным счастьем во всем, что бы вы ни делали, потому что это — лучший дар Бога, приготовленный Им с преизбыточной любовью к Своим детям. Ангелы будут служить Божьим детям, поскольку об этом сказано в Послании к Евреям 1:14: *«Не все ли они суть служебные духи, посылаемые на служение для тех, которые имеют наследовать спасение?»*. Поскольку у людей различная мера веры, размер их домов и количество служащих ангелов будет отличаться согласно той степени, в какой человек уподобляется Богу. Им будут служить как принцам или принцессам, потому что ангелы смогут понимать мысли своего хозяина, которому их назначили в помощники, и готовить то, что он захочет. Кроме того, Божьих детей будут любить животные и растения, служа им. Животные на Небесах станут безоговорочно повиноваться Божьим детям, стараясь угождать им, потому что в животных не будет зла.

А растения на Небесах? Всякий раз, когда Божьи дети приближаются к растениям, они выделяют прекрасный и уникальный аромат. Цветы отдают Божьим детям свой лучший запах, и он распространяется даже в отдаленные места. Аромат, после того как его выделили растения, быстро восстанавливается. Плоды двенадцати видов дерева жизни обладают своим неповторимым вкусом. Аромат цветов или плод дерева жизни обновляет человека и делает его счастливым. В нашем мире это нельзя ни с чем сравнить. Также, в отличие от растений этой земли, на Небесах цветы улыбаются тогда, когда к ним приближаются Божьи дети. Они будут даже танцевать для своего хозяина, и люди смогут с ними общаться. Даже если кто-то сорвет цветок, это не повредит растению, поскольку Божьей силой цветок будет восстановлен. Сорванный цветок растворится в воздухе и исчезнет. Съеденный плод тоже растворяется как прекрасный аромат и исчезает через дыхание.

На Небесах будет четыре времени года, и люди могут наслаждаться их чередованием. Люди почувствуют Божью любовь в каждом времени года: весной, летом, осенью и зимой. Теперь можно спросить: «Будем ли мы все еще страдать на Небесах от жаркого лета и холодной зимы?». Погода на Небесах формирует наилучшие условия для Божьих детей, чтобы они комфортно жили и не испытывали влияния жаркого или холодного климата. Хотя духовные тела не могут ощущать холод или жару даже в холодных или раскаленных местах, они смогут чувствовать охлажденный или нагретый воздух. Так что на Небесах никто не станет страдать от жаркой или холодной погоды. Осенью Божьи дети смогут наслаждаться видом красивых опавших листьев, а зимой видом белого снега. Людям будет предоставлена возможность радоваться такой красоте, которая превосходит все, что встречается в этом мире. Бог создал на Небесах четыре времени года, чтобы дети поняли, что Он дает им все, что им хочется. Это также пример Его любви - вдруг Его дети заскучают по этой земле, поскольку здесь они росли, пока не стали истинными детьми Божьими.

Небеса находятся в четырехмерном мире, который невозможно сравнить с нашим миром. Они наполнены Божьей любовью и силой, и там происходят бесконечные события, которые люди не могут даже представить. В главе 5-й вы сможете больше узнать о вечной и счастливой жизни верующих на Небесах.

Только те, чьи имена записаны в Книге Жизни Агнца, смогут попасть на Небеса. Как сказано в Откровении Иоанна Богослова 21:6-8, только тот, кто будет пить Воду Жизни и станет Божьим чадом, в состоянии унаследовать Божье Царство.

«И сказал мне: совершилось! Я есмь Альфа и Омега, начало и конец; жаждущему дам даром от источника воды живой. Побеждающий наследует все, и буду ему Богом, и он будет Мне сыном. Боязливых же и неверных, и скверных и убийц, и любодеев и чародеев, и идолослужителей и всех лжецов участь в озере, горящем огнем и серою. Это

смерть вторая».

Долг человека перед Богом – иметь страх Божий и соблюдать Его заповеди (Еккл. 12:13). Поэтому, если вы не боитесь Бога или нарушаете Его Слово, продолжая грешить намеренно, вы не попадете на Небеса. Злодеи, убийцы, неверные супруги, колдуны и идолопоклонники точно не попадут на Небеса. Они пренебрегали Богом, служили нечистым духам и верили в чужих богов, следуя за врагом - сатаной и дьяволом. Также те, кто лгут Богу и обманывают Его, хулят Святого Духа, никогда не придут на Небеса. Как я объясняю в книге «Ад», эти люди понесут вечное наказание в аду.

Именем Господа я молюсь, чтобы вы не только приняли Иисуса Христа, получив право стать Божьим дитем, но и исполняли Божье Слово, и тогда вы будете наслаждаться вечным счастьем на прекрасных, ясных, как кристалл, Небесах.

ᗕ Глава 2 ᗒ

Эдемский Сад и
Место Ожидания Небес

И насадил Господь Бог рай
в Едеме на востоке;
и поместил там человека, которого создал.
И произрастил Господь Бог из земли всякое дерево,
приятное на вид и хорошее для пищи,
и дерево жизни посреди рая,
и дерево познания добра и зла.

- Бытие 2:8-9

Адам - первый человек, созданный Богом, - жил в Эдемском саду как живой дух в общении с Богом. Тем не менее, после определенного времени, Адам совершил грех непослушания, вкусив от дерева «познания добра и зла». В результате, дух Адама, руководивший им как «господин», умер. Адам был изгнан из Эдемского сада, и ему пришлось жить на этой земле. Когда в Адаме и Еве умер дух, прекратилось их общение с Богом. Представьте, как они тосковали по Эдемскому саду, когда начали жить на этой проклятой земле!

Всеведущий Бог заранее знал о неповиновении Адама и приготовил Иисуса Христа, открыв путь спасения тогда, когда пришло соответствующее время. Каждый спасенный по вере, унаследует Небеса, которые будут несравненно лучше Эдемского сада. После того, как Иисус воскрес и взошел на Небеса, Он создал место ожидания, где спасенные люди смогут оставаться до Судного Дня, и подготовил для них обители. Чтобы лучше понять Небеса, давайте рассмотрим Эдемский сад и Место Ожидания Небес.

Эдемский сад, где жил Адам

В Бытии 2:8-9 рассказывается об Эдеме. Это место, где жили Адам и Ева, первые люди, созданные Богом.

«И насадил Господь Бог рай в Едеме на востоке, и поместил там человека, которого создал. И произрастил Господь Бог из земли всякое дерево, приятное на вид и хорошее для пищи, и дерево жизни посреди рая, и дерево познания добра и зла».

Эдемский сад был местом, где должен был обитать Адам, живой дух, поэтому это место должно было находиться в каком-нибудь районе духовного мира. Где сегодня расположен Эдемский сад, обитель первого человека Адама?

Местоположение Эдемского сада

Во многих местах Библии Бог употребляет слово «Небеса», когда хочет сказать, что за пределами неба, которое мы видим, есть различные сферы духовного мира. Он использовал слово «Небеса», чтобы вы поняли, что есть пространства, относящиеся к духовному миру.

«Вот у Господа, Бога твоего, небо и небеса небес, земля и все, что на ней» (Втор. 10:14).

«Он сотворил землю силою Своею, утвердил вселенную мудростью Своею и разумом Своим распростер небеса» (Иер. 10:12).

«Хвалите Его, небеса небес и воды, которые превыше небес» (Пс. 148:4).

Поэтому следует понять, что «небо» или «Небеса» не означают только небо, видимое вашим невооруженным глазом. Это — Первые Небеса, где расположены солнце, луна и звезды, а еще имеются Вторые и Третьи Небеса, которые принадлежат к духовному миру. Во Втором послании к Коринфянам в главе 12-й апостол Павел говорит о Третьих Небесах. Они включают всю полноту Небес от Рая до Нового Иерусалима.

Апостол Павел побывал в Раю, который является местом для тех, у кого наименьшая вера, и оно представляет собой самый удаленный район от Престола Бога. Там Павел слышал некие тайны Небес. Однако он признавал, что это были «слова, которых человеку нельзя пересказать».

Как же выглядит духовный мир Вторых Небес? Он отличается от Третьих Небес, и здесь находится Эдемский сад. Многие были уверены, что Эдемский сад находился где-то на этой земле. Многие исследователи Библии и ученые занимались археологическими поисками и изучением района Месопотамии, а также верховий рек Евфрата и Тигра на

Ближнем Востоке. Однако они ничего не нашли. Причина, по которой люди не могут обнаружить Эдемский сад на этой земле, заключается в том, что он расположен именно на Вторых Небесах, относясь к духовному миру.

Вторые Небеса также являются местом обитания злых духов, которых после бунта Люцифера вытеснили с Третьих Небес. В Бытии 3:24 говорится: *«И изгнал Адама, и поставил на востоке у сада Едемского Херувима и пламенный меч обращающийся, чтобы охранять путь к дереву жизни».* Бог поступил таким образом, чтобы не допустить злых духов в Эдемский сад, не позволить им вкусить от дерева жизни и обрести вечную жизнь.

Ворота в Эдемский сад

Не надо думать, что Вторые Небеса находятся выше Первых, а Третьи Небеса — выше Вторых. Понять четырехмерный мир и другие пространства, используя знания трехмерного мира, невозможно. Какова структура Небес? Вам кажется, что трехмерный мир, который вы видите, отделен от духовных Небес, но, в то же самое время, они пересекаются и связаны. Существуют ворота, которые соединяют трехмерный и духовный мир. Хотя вы не видите их, они связывают Первые Небеса с Эдемским садом на Вторых Небесах. Также имеются ворота, которые ведут к Третьим Небесам. Подобные ворота располагаются не очень высоко, в основном где-то на уровне облаков, которые можно увидеть с борта самолета.

В Библии нам говорится, что есть ворота, которые ведут на Небеса (Бытие 7:11; 4 Цар. 2:11; Лук. 9:28-36; Деян. 1:9; 7:56). Поэтому, когда открываются небесные врата, можно подняться к различным Небесам в духовном мире, и те, кто спасен верой, способны взойти на Третьи Небеса. То же самое в отношении Гадеса и ада. Эти места также принадлежат к духовному миру, и существуют ворота, которые туда ведут. И, когда умирают неверующие, через эти ворота они спускаются в Гадес, который относится к аду, или непосредственно в ад.

Сосуществование духовных и физических измерений

Эдемский сад, который принадлежит ко Вторым Небесам, находится в духовном мире, но он отличается от мира Третьих Небес. Этот духовный мир не совершенен, потому что способен сосуществовать с физическим миром. Другими словами, Эдемский сад — среднее звено между физическим и духовным миром. Первый человек Адам был живым духом, но имел физическое тело, сотворенное из праха. Адам и Ева плодились и увеличились в числе, рожая там детей подобно тому, как делаем мы (Бытие 3:16). Даже после того, как Адам вкусил от дерева «познания добра и зла» и его выселили в этот мир, дети первого человека, которые оставались в Эдемском саду, все еще живут там, имея живой дух, и не знают смерти. Эдемский сад — очень мирное место, где нет смерти. Им управляет Божья сила согласно правилам и повелениям, установленным Богом. Хотя там не существует различия между днем и ночью, потомки Адама знают, какое время необходимо для активной деятельности, отдыха и т.д. Кроме того, Эдемский сад в чем-то напоминает эту землю. Он заполнен многими растениями, животными и насекомыми. У него также бесконечная и прекрасная природа. Все же, там нет высоких гор, только невысокие холмы. На них можно найти некоторые строения, похожие на дома, но люди в них только отдыхают, а не живут.

Место для отдыха Адама и его детей

Первый человек Адам очень долго жил в Эдемском саду и, будучи плодовитым, увеличивал свое потомство. Поскольку Адам и его дети имели живой дух, через ворота Вторых Небес они могли свободно спускаться на эту землю. Так как Адам и его потомство много раз посещали землю как место своего отдыха, следует понять, что история человечества очень долгая. Некоторые путают эту историю с шестью тысячами лет истории развития человека и не верят Библии. Если внимательно изучать таинственные древние цивилизации, можно понять, что Адам и его дети приходили на эту землю. Пирамиды Египта и Сфинкс Гизы, например, также являются следами пребывания Адама и его детей, которые жили в Эдемском саду. Такие сооружения, обнаруженные во всем мире, созданы с применением намного более сложной и развитой технологии, чего даже сегодня нельзя достигнуть с помощью современного научного познания. Например, пирамиды являют собой замечательные математические, геометрические и астрономические расчеты, которые можно найти и понять только благодаря специальным исследованиям. Пирамиды содержат много тайн, которые становятся ясными тогда, когда вам известны точное расположение созвездий и цикл вселенной. Некоторые люди расценивают подобные таинственные древние цивилизации как следы пришельцев из космоса. Однако с помощью Библии вы способны осознать даже то, что до сих пор не понятно науке.

След цивилизации Эдема

В Эдемском саду Адам владел невероятными знанием и навыками. Это явилось результатом того, что Бог обучил первого человека истинному знанию, которое какое-то время накапливалось и развивалось. Поэтому Адаму, который все знал о вселенной и подчинил себе землю, никогда не составляло труда построить пирамиды и Сфинкса. Поскольку Бог Сам научил первого человека, Адам знал то, что современная наука все еще не познала или не охватила. Некоторые пирамиды были построены благодаря мастерству и знаниям Адама, другие же - строились его детьми, а некоторые — людьми на этой земле, которые, спустя долгое время, старались подражать пирамидам Адама. Все пирамиды имеют технические различия. Это вызвано тем, что только у Адама была данная Богом власть на управление всем творением.

Очень долгое время первый человек жил в Эдемском саду, иногда приходя на эту землю, но затем, после совершения греха непослушания, Бог изгнал его из Эдемского сада. Однако Бог не сразу закрыл ворота, которые соединяют землю и Эдемский сад. Поэтому дети Адама, которые все еще жили в Эдемском саду, свободно спускались на землю, и когда это стало происходить еще чаще, они начали брать дочерей человеческих в качестве своих жен (Быт. 6:1-4).

Тогда Бог закрыл ворота на Небесах, которые связывают землю с Эдемским садом. Все же, перемещения полностью не прекратились, а перешли под строгое управление, чего никогда прежде не было. Необходимо понять, что большинство таинственных и нерешенных загадок древних цивилизаций представляют собой следы Адама и его детей, сохранившиеся со времени их свободного доступа на эту землю.

История людей и динозавров на Земле

Почему же оказалось, что динозавры, которые жили на земле, внезапно исчезли? Это также одно из очень важных свидетельств, говорящих нам о том, сколько лет насчитывает реальная история человечества. Это — тайна, которую можно решить только с помощью Библии.

Бог поместил динозавров в Эдемский сад. Они были кроткими животными, но затем их изгнали на эту землю, потому что динозавры попали в западню Люцифера в течение того периода, когда Адам мог свободно путешествовать между нашей землей и Эдемским садом. Теперь динозаврам, которые были вынуждены жить на этой земле, приходилось постоянно искать пищу. В отличие от жизни в Эдемском саду, где было всего в изобилии, наша земля не могла произвести достаточно пищи для динозавров с большими по размерам телами. Они съели плоды, зерно и растения, а потом начали уничтожать животных. Динозавры собирались разрушить окружающую среду и пищевую цепочку. Наконец Бог решил, что больше не может держать динозавров на этой земле, и истребил их огнем с неба. Сегодня многие ученые утверждают, будто эти животные жили на земле в течение долгого времени. Они говорят, что динозавры здесь обитали больше ста шестидесяти миллионов лет. Однако ни одно из заявлений не объясняет удовлетворительным образом, как столько динозавров внезапно появилось на земле и так же неожиданно вымерло. Кроме того, если бы такие большие животные развивались здесь в течение такого долгого времени, чем бы они питались для продолжения своей жизни?

Согласно теории эволюции, прежде чем появилось столько видов динозавров, должно было существовать намного больше видов животных более низкого уровня, но все еще нет никаких доказательств такой теории. Вообще, чтобы исчез какой-нибудь вид животных, сначала за некоторое время уменьшается их количество и затем полностью исчезает. Динозавры, однако, исчезли внезапно. Ученые утверждают, что это оказалось результатом внезапного изменения климата, вирусов, радиации. Например, после взрыва другой звезды или столкновения большого метеорита с землей. Все же, если такое изменение было катастрофическим и уничтожило всех динозавров, остальные животные и растения также исчезли бы. Другие растения, птицы или млекопитающие, однако, существуют даже сегодня, так что действительность не поддерживает теорию эволюции.

До появления динозавров на этой земле Адам и Ева жили в Эдемском саду, иногда спускаясь на землю. Следует понять, что история земли очень долгая. Вы можете более подробно узнать об этом из моих проповедей «Лекции по книге Бытие». Теперь мне бы хотелось рассказать о прекрасной природе Эдемского сада.

Прекрасная природа Эдемского сада

Лежа в удобной позе, вы отдыхаете на равнине, наполненной ароматными деревьями и цветами, воспринимая свет, который мягко падает на все ваше тело, и смотрите в голубое небо, где плавают чистые белые облака различных видов и форм. Сияет водная гладь озера, вас обдувает мягкий ветерок, содержащий сладкие ароматы цветов. Вам приятно разговаривать с теми, кого вы любите, вы счастливы. Вам хочется отдохнуть на широких цветущих лугах, где вы утопаете в сладком аромате цветов. Можно полежать в тени дерева, на котором растет много больших, аппетитных плодов, и есть их столько, сколько вам хочется.

В озере и в море водится много видов разноцветной рыбы. При желании вы можете пойти на ближайший пляж и насладиться освежающими волнами или белыми песками, сияющими солнечным светом. Если вам хочется, вы можете плавать, как рыба. Красивые олени, кролики или белки с трогательными, блестящими глазами приходят к вам и стараются угодить вам. На большой равнине многие животные мирно играют друг с другом. Это — Эдемский сад, наполненный тихим миром и радостью. Много людей в этом мире, вероятно, хотели бы оставить свою занятую жизнь и хоть однажды обрести такой покой и безмятежность.

Изобильная жизнь в Эдемском саду

Люди в Эдемском саду принимают пищу с радостью и беспечно, им не нужно работать. Там нет волнений, беспокойств или забот, поскольку все наполнено радостью, восхищением и миром. Поскольку всем управляют Божьи правила и повеления, люди в этом саду наслаждаются вечной жизнью, хотя они этого не заслужили. Эдемский сад по среде обитания напоминает нашу землю. Все же, в виду того, что обитатели сада не оскверняются и не изменяются со времени сотворения, они сохраняют природу в чистоте, в отличие от людей на этой земле. Жители Эдемского сада обычно не носят никакой одежды, они не чувствуют стыда, прелюбодейства нет в их сердцах, потому что в этих людях нет греховной природы, и в их душах нет зла. Они подобны новорожденным детям, которые могут находиться полностью раздетыми, и не обращать внимания на то, что могут подумать или сказать другие люди. Среда Эдемского сада является подходящей для людей, даже если они ходят обнаженными, поэтому у них из-за этого нет никаких проблем. Как же там будет хорошо, ведь в саду не будет вредных насекомых или колючек, ранящих кожу!

Некоторые люди ходят в одежде. Они руководители небольших групп. В Эдемском саду также существуют свои правила. В каждой группе должен быть руководитель и те, кто повинуются и следуют за ним. В отличие от обычных людей, начальники носят одежду, но она служит только для того, чтобы показать их положение, а не с целью одеться, защитить тело или украсить его. В Бытии 3:8 можно обратить внимание на изменение температуры в Эдемском саду: *«И услышали голос Господа Бога, ходящего в раю во время прохлады дня; и скрылся Адам и жена его от лица Господа Бога между деревьями рая».* Видно, что там люди ощущают «прохладу». Все же, это не подразумевает, что они должны потеть в солнечный жаркий день или чувствовать неприятный озноб в холодное время года, как это бывает на земле. В Эдемском саду всегда самый подходящий уровень температуры, влажности и ветра, чтобы человек не ощущал никакого дискомфорта, вызываемого изменением погоды. Кроме того, там нет ни дня, ни ночи. Сад всегда окружен светом Бога Отца, и человек постоянно живет в дневное время. У людей есть время на отдых, и они распределяют его так, чтобы, в зависимости от смены температур, заниматься активной деятельностью, или пребывать в покое. Эти изменения, однако, не подразумевают резкого увеличения или уменьшения температуры, чтобы не вызывать у людей перегрева или внезапного охлаждения. Наоборот, им будет очень комфортно отдыхать при легком бризе.

Развитие людей на земле

Эдемский сад является настолько просторным и большим, что нельзя представить его размеры. Он приблизительно в миллиард раз превосходит эту землю. Первые Небеса, где люди могут жить только семьдесят или восемьдесят лет, кажутся бесконечными, простираясь от нашей солнечной системы до галактик за ее пределами. Насколько же огромным оказывается Эдемский сад, по сравнению с Первыми Небесами, в котором люди рождаются, но не умирают?

В то же самое время, независимо от того, насколько красив, изобилен и велик Эдемский сад, его не сравнить ни с каким местом на Небесах. Даже Рай, который является Местом Ожидания Небес, намного прекраснее и лучше. Вечная жизнь в Эдемском саду очень отличается от вечного пребывания на Небесах. Поэтому, рассматривая многообразный Божий замысел в отношении Адама, изгнанного из Эдемского сада и развивавшегося на этой земле, вы увидите, насколько Эдемский сад отличается от Места Ожидания Небес.

Дерево «познания добра и зла» в Эдемском саду

Первый человек Адам мог вкушать все, что ему хотелось, владычествовать над всем творением и вечно жить в Эдемском саду. Все же, в Бытии 2:16-17 мы читаем повеление Бога человеку: *«И заповедал Господь Бог человеку, говоря: от всякого дерева в саду ты будешь есть, а от дерева познания добра и зла не ешь от него, ибо в день, в который ты вкусишь от него, смертью умрешь».* Хотя Бог и дал Адаму огромную власть для управления всем творением и свободную волю, Он строго запретил ему вкушать от дерева «познания добра и зла». В Эдемском саду встречается много видов ярких, красивых и вкусных плодов, которые ни с чем нельзя сравнить на этой земле. Бог отдал все плоды под управление Адама так, чтобы он мог есть их столько, сколько ему хотелось.

Тем не менее плод с дерева «познания добра и зла» был исключением. Вы должны понять, что, хотя Бог уже знал, что Адам обязательно попробует плод от дерева «познания добра и зла», Он не оставил Адама на произвол греха. Многие неправильно толкуют это место, полагая, будто Бог намеревался испытать Адама, поместив дерево «познания добра и зла» и зная заранее, что Адам вкусит от него. В таком случае, Он не оставил бы такое строгое повеление Адаму. Поэтому вам становится ясно, что Бог не имел намерения помещать дерево «познания добра и зла», желая, чтобы Адам съел от него, или стараясь испытать человека.

Так же, как написано в Послании Иакова 1:13: *«В искушении никто не говори: Бог меня искушает; потому что Бог не искушается злом и Сам не искушает никого»,* сам Бог никого не искушает. Зачем Господь поместил в

Эдемском саду дерево «познания добра и зла»?

Если вы можете чувствовать радость, удовольствие или счастье, то только потому, что вам приходилось испытывать противоположные чувства: печаль, боль и несчастье. Вы знаете, что праведность, истина и свет хороши, потому что знаете, что зло, ложь и тьма – плохи. Если человек не испытал такой относительности чувств, он не может ощутить в своем сердце то, насколько хороша любовь, праведность и счастье, даже если ему об этом говорили.

Например, может ли человек, никогда не болевший сам и не видевший больных, понять, что такое боль и болезнь? Ему не с чем сравнивать и он не может оценить своего здоровья. Если кто-то никогда не испытывал нужды и не знал нуждающегося, что он может знать о бедности? Такой человек не почувствует, что «хорошо» быть богатым, независимо от того, насколько он сам богат. Не испытав бедности, невозможно проявить истинную сердечную благодарность. Если человек не знает ценности всего хорошего, что он имеет, он не оценит счастья, которым наслаждается. Однако, если человек испытал боль болезни и горе бедности, он способен в своем сердце благодарить за счастье, которое приносят здоровье и богатство. Это причина того, почему Бог посадил дерево «познания добра и зла».

Поэтому Адам и Ева, которых изгнали из Эдемского сада, испытали подобную относительность всего, осознав любовь и благословение, которое им дал Бог. Только тогда они в состоянии стать истинными Божьими детьми, которым известна ценность подлинного счастья и жизни.

Однако Бог непреднамеренно повел Адама таким путем. Адам, имея свободную волю, сделал выбор не повиноваться

Божьему повелению. И Бог, из любви и праведности, начал развитие человека.

Провидение Бога в отношении развития человека

Когда людей изгнали из Эдемского сада, и началось их развитие на этой земле, им пришлось испытать многие страдания: слезы, горе, боль, болезни и смерть. Но это привело человека к тому, что он почувствовал реальное счастье и наслаждение вечной жизнью на Небесах, ощутил огромную признательность. То, что Бог воспитывает нас истинными Божьими детьми, является только примером замечательной любви Бога и Его замысла. Родители не считают, что воспитание, а иногда, и наказание своих детей являются пустой тратой времени, если это помогает развитию ребенка и его успеху. Кроме того, если дети верят в свой будущий успех, они проявят терпение, преодолевая любые трудные ситуации и препятствия.

Если вы размышляете об истинном счастье, которым будете наслаждаться на Небесах, то воспитание здесь, на земле, вам не покажется чем-то сложным или болезненным. Вместо этого вы исполнитесь признательностью за возможность жить согласно Божьему Слову, потому что у вас есть надежда на славу, которую вы обретете позднее.

Кто будет для Бога дороже: те, кто после преодоления многих трудностей на этой земле истинно благодарны Богу, или люди в Эдемском саду, которые, на самом деле, не ценят того, что у них есть, хотя и живут в такой прекрасной и плодородной среде? Бог развивал Адама, который был изгнан из Эдемского сада, и совершенствует его потомков на нашей земле, чтобы сделать из них Своих истинных детей.

Когда это развитие закончится и небесные обители будут готовы, Господь вернется. Если вы попадете на Небеса, то испытаете вечное счастье, потому что даже самый низкий уровень Небес нельзя по красоте сравнить с Эдемским садом.

Вот почему следует понять замысел Бога в отношении развития человека и стремиться к тому, чтобы стать Его истинным дитем, который поступает согласно Божьему Слову.

Место Ожидания Небес

Потомки Адама, который не повиновался Богу, предназначены к тому, чтобы однажды умереть и после этого предстать на Суд (Евр. 9:27). Все же, дух человека бессмертен, поэтому люди направятся или на Небеса, или в ад. Однако люди не попадают сразу на Небеса или в ад, а остаются в Месте Ожидания на Небесах или в аду. Чем же является такое место на Небесах, где пребывают Божьи дети?

В конце жизни дух оставляет свое тело

Когда человек умирает, его дух покидает тело. После смерти, если человек заранее не знал об этом, он будет очень удивлен, увидев себя лежащим без признаков жизни. Даже верующему человеку будет удивительно узнать, что его дух оставит его тело. При переходе в четырехмерный мир из трехмерного, в котором вы живете в настоящее время, вы почувствуете огромные отличия. Тело становится очень легким, и у вас появляется ощущение полета. Все же, обрести неограниченную свободу нельзя даже после того, как дух покидает тело. Подобно птенцам, которые не в состоянии сразу летать, хотя и рождаются с крыльями, вам все еще нужно некоторое время для того чтобы приспособиться к духовному миру и узнать о нем основную информацию. Тех, кто умирает с верой в Иисуса Христа, два ангела сопровождают в Верхнюю Могилу. Там от ангелов или пророков люди узнают о жизни на Небесах.

Если вы прочитаете Библию, то поймете, что существует два вида могилы. Отцы веры, такие, как Иаков и Иов, говорили, что после смерти попадут в могилу (Быт. 37:35; Иов. 7:9). Корей и его сторонники, которые выступали против Моисея, Божьего человека, живыми сошли в могилу (Чис. 16:33).

В Евангелии от Луки в главе 16-й изображаются богач и нищий, по имени Лазарь, которые после смерти попали в могилу, и вам ясно, что они не находятся в той же самой «могиле». Богач страдает от пламени огня, тогда как Лазарь отдыхает далеко от него, на ложе Авраама.

Существует могила для тех, кто спасен, и другая - для неспасенных людей. Могила Корея и его соратников, а также богача относится к Гадесу, который входит в состав ада. Однако могила, в которой пребывал Лазарь, является Верхней Могилой, принадлежащей Небесам.

3- дневное пребывание в Верхней Могиле

В ветхозаветные времена те, кто получал спасение, ожидали в Верхней Могиле. Поскольку Авраам, отец веры, отвечал за Верхнюю Могилу, нищий Лазарь находился на его лоне, как записано в главе 16-й Евангелия от Луки.

Однако после того, как Господь воскрес и взошел на Небеса, спасенные больше не остаются в Верхней Могиле на лоне Авраама. Там души находятся в течение трех дней, а затем направляются в какой-нибудь уголок Рая. Таким образом в Месте Ожидания Небес они будут с Господом.

Поскольку в Евангелии от Иоанна 14:2 Иисус говорит: «Я иду приготовить место вам», мы знаем, что после Своего воскресения и вознесения на Небеса, наш Господь готовит место каждому верующему. И с тех пор, как Господь начал готовить обители Божьим детям, те, кто спасен, остаются в Месте Ожидания Небес, где-нибудь в Раю.

Некоторые удивляются тому, что столько спасенных людей, начиная от создания мира, могут жить в Раю, однако для волнения нет никаких причин. Даже солнечная система, к которой относится эта земля, является просто пятнышком по сравнению с галактикой. Насколько же велика галактика? По сравнению с целой вселенной галактика — только небольшое пятно. Тогда, каковы размеры вселенной?

Кроме того, наша вселенная — одна из многих, так что невозможно представить размер всей вселенной. Если этот физический мир является настолько большим, насколько же превосходит его духовный мир?

Место Ожидания Небес

Что представляет собой Место Ожидания Небес, где спасенные люди пребывают после того, как провели три дня подготовительного периода в Верхней Могиле? Когда человек видит очень красивый пейзаж, он произносит: «Это — рай на земле», или «Это похоже на Эдемский сад!». Эдемский сад, однако, нельзя сравнить ни с какой красотой этого мира. Там людям дана замечательная, сказочная жизнь, полная счастья, мира и радости. Все же, она кажется такой для людей на этой земле. Как только вы попадете на Небеса, то немедленно это поймете.

Подобно тому, как Эдемский сад не сравнить с нашим миром, Небеса не поддаются сравнению с Эдемским садом. Существует огромное различие между счастьем в Эдемском саду, который относится ко Вторым Небесам, и счастьем в Месте Ожидания Рая на Третьих Небесах. Это вызвано тем, что люди в Эдемском саду не являются истинными Божьими детьми, сердца которых были преобразованы.

Хотелось бы привести пример, чтобы помочь вам лучше это понять. До появления электричества корейцы использовали керосиновые лампы. Эти светильники были очень темными по сравнению с электрическим освещением, которое есть у вас сегодня, но оказывались невероятно ценными тогда, когда ночью вообще отсутствовал свет. После того, как люди развились и открыли для себя электричество, у них появился электрический свет. Тем, кто привык видеть только свет от керосиновой лампы, электрические огни казались настолько удивительными, что их завораживало их свечение.

Если вы говорите, что эта земля заполнена совершенной тьмой, в которой нет никакого света, можно сказать, что Эдемский сад — место, где у людей есть керосиновые лампы, а Небеса — место, где горит электрический свет. Так же, как свет от керосиновой лампы отличается от электрического света, хотя и то, и другое является светом, Место Ожидания Небес отличается от Эдемского сада.

Место Ожидания, расположенное на окраине Рая

Место Ожидания Небес расположено на окраине Рая. Рай — обитель для тех, у кого самая поверхностная вера, и оно наиболее удалено от Божьего Престола. Это очень обширное место.

Ожидающие на окраине Рая получают от пророков духовное знание. Их снабжают сведениями о Триедином Боге, Небесах, управлении в духовном мире и т.д. Степень такого познания безгранична, поэтому обучению нет конца. Изучение духовных предметов никогда не бывает скучным или трудным, в отличие от некоторых занятий на этой земле. Чем больше вы учитесь, тем больше удивляетесь и просвещаетесь, что еще благодатнее.

Даже на этой земле те, у кого чистые и кроткие сердца, могут общаться с Богом и достигать духовного познания. Некоторые из таких людей видят духовный мир, потому что имеют духовное зрение. Кроме того, встречаются те, кто по вдохновению Святого Духа в состоянии осознать духовные явления. Они могут узнать о вере или правилах получения ответов на молитвы так, что даже в этом физическом мире способны испытать Божью силу, которая принадлежит к сфере духа.

Если в нашем мире вы можете изучить духовные вопросы и испытать их, то это укрепляет вас и приносит вам чувство счастья. Насколько же радостнее и счастливее вы будете, когда в Месте Ожидания Небес у вас появится способность к глубокому познанию духовных предметов!

Восприятие новостей из этого мира

Какую жизнь ведут люди в Месте Ожидания Небес? Они испытывают истинный мир в сердце и собираются в свои вечные обители на Небесах. Человек ни в чем не испытывает недостатка, наслаждаясь счастьем и восхищаясь. Люди не тратят время впустую, продолжая узнавать много нового от ангелов и пророков.

Среди них есть назначенные лидеры, и жизнь следует соответствующему порядку. Людям запрещают спускаться на эту землю, поэтому они всегда интересуются тем, что здесь происходит. Их внимание не привлекают мирские события, но они проявляют любопытство к вопросам, связанным с Божьим Царством, например: «Как дела в церкви, где я служил? Сколько она выполнила поставленных перед ней задач? Как развивается служение всемирной миссии?». Верующие очень довольны, когда через ангелов, которые могут приходить на нашу землю, или пророков в Новом Иерусалиме слышат новости об этом мире.

Однажды Бог показал мне некоторых членов моей церкви, которые в настоящее время остаются в Месте Ожидания Небес. Они молятся и ждут новостей о моей церкви. Их особенно интересует цель, поставленная перед церковью, – всемирная миссия и строительство нового большого храма. Они счастливы всякий раз, когда им удается услышать хорошие новости. Узнав, как мы прославляем Бога, проводя в разных странах евангелизационные мероприятия, они радуются и устраивают праздник. В Месте Ожидания Небес верующие проводят счастливое и восхитительное время, иногда узнавая новости об этой земле.

Строгий порядок в Месте Ожидания Небес

Люди разных уровней веры, которые после Судного Дня войдут в различные обители на Небесах, остаются в Месте Ожидания, где строго поддерживается порядок. Те, у кого малая вера, склоняя голову, выражают уважение человеку с большей верой. Духовные распоряжения отдаются не с учетом позиции в этом мире, а исходя из степени освящения человека и верности своим данным Богом обязанностям. Правила соблюдаются строго, потому что Небесами правит Бог праведности. Поскольку поддержание порядка основано на яркости света, степени праведности и величине любви каждого верующего, ни у кого не возникает жалоб. Там все повинуются духовным правилам, потому что в сердцах спасенных нет зла.

Однако этот порядок и разная слава не предназначены для того, чтобы вызывать принудительное повиновение. Оно связано только с любовью и уважением, исходящих от истинных и искренних сердец. Поэтому в Месте Ожидания Небес уважают тех, кто достиг большего сердцем, и проявляют подобное отношение поклоном головы, потому что люди естественно чувствуют духовное различие.

Люди, которых нет в Месте Ожидания

Все люди, которые после Судного Дня войдут в соответствующие небесные обители, в настоящее время остаются в Месте Ожидания Небес, на окраине Рая. Однако встречаются некоторые исключения. Те, кто должен направиться в Новый Иерусалим, самое прекрасное место на

Небесах, прямо взойдут туда, чтобы помогать в Божьем деле. Они, имея сердце Бога, ясное и прекрасное, как кристалл, живут в особой Божьей любви и под Его опекой.

В Новом Иерусалиме они помогут в Божьем деле

Где сейчас пребывают отцы веры, освященные и верные во всем Божьем доме, такие, как Илия, Енох, Авраам, Моисей и апостол Павел? Остаются ли они на окраине Рая, в Месте Ожидания Небес? Нет, поскольку эти люди полностью освятились и уподобились Богу, они уже находятся в Новом Иерусалиме. Все же, в виду того, что Суда еще не было, они не вошли в свои будущие вечные жилища. Где они пребывают в Новом Иерусалиме? В городе, ширина, длина и высота которого составляют две тысячи четыреста километров, есть несколько духовных уровней различных измерений. Существует место для Божьего Престола, некоторые районы со строящимися зданиями и другие места, где отцы веры, которые уже вошли в Новый Иерусалим, работают с Господом.

Отцы веры, находящиеся в Новом Иерусалиме, мечтают о том дне, когда они войдут в свои вечные обители, хотя сейчас помогают Господу готовить наши жилища. Они очень стремятся попасть в свои вечные дома, потому что туда разрешается войти только после Второго Пришествия Иисуса Христа на облаках, Семилетнего Брачного пира и Тысячелетнего царствования на этой земле.

Апостол Павел, который всем сердцем уповал на Небеса, исповедовал во Втором послании к Тимофею 4:7-8:

«Подвигом добрым я подвизался, течение

совершил, веру сохранил; а теперь готовится мне венец правды, который даст мне Господь, праведный Судия, в день оный; и не только мне, но и всем, возлюбившим явление Его».

Совершающие подвиг веры и надеющиеся на возвращение Господа, имеют определенную надежду на обитель и награду на Небесах. Ваша вера и ваша надежда могут укрепиться, если вы больше будете узнавать о духовном царстве, и именно поэтому я подробно рассказываю о Небесах.

Эдемский сад на Вторых Небесах или Место Ожидания на Третьих Небесах еще более прекрасны, чем этот мир, но даже их нельзя сравнить со славой и великолепием Нового Иерусалима, где находится Божий Престол. Поэтому во имя Господа я прошу о том, чтобы вы не только стремились к Новому Иерусалиму с такой верой и надеждой, какую имел апостол Павел, но также, распространяя Евангелие, привели многие души на путь спасения, даже если для выполнения этой цели потребуется вся ваша жизнь.

❧ Глава 3 ❧

Семилетний Брачный пир

Блажен и свят имеющий участие
в воскресении первом: над ними
смерть вторая не имеет власти,
но они будут священниками Бога и Христа
и будут царствовать с Ним тысячу лет.
*   - Откровение Иоанна Богослова 20:6*

Прежде чем вы получите свою награду и начнете вечную жизнь на Небесах, необходимо пройти Суд Белого Престола. Перед днем Великого Суда состоится Второе Пришествие Господа на облаках, Семилетний Брачный пир, возвращение Господа на землю и Тысячелетнее Царство.

Все это представляет собой то, что Бог приготовил для утешения Своих возлюбленных детей, которые на этой земле хранили свою веру, позволяя им вкусить Небеса. Поэтому те, кто верят во Второе Пришествие Господа и надеются встретить Его, нашего Жениха, будут с нетерпением ожидать Семилетнего Брачного пира и Тысячелетия. Божье Слово, записанное в Библии, истинно, и сегодня исполняются все пророчества. Необходимо быть мудрым верующим и изо всех сил стараться приготовить себя в качестве Его невесты, понимая, что, если вы не пробуждены и не живете согласно

Божьему Слову, для вас день Господень придет подобно вору и вас ожидает смерть.

Давайте подробно рассмотрим все чудеса, которые испытают Божьи дети прежде чем они придут на Небеса - ясные и прекрасные, как кристалл.

Возвращение Иисуса и Семилетний Брачный пир

В Послании к Римлянам 10:9 апостол Павел пишет: *«Ибо если устами твоими будешь исповедывать Иисуса Господом и сердцем твоим веровать, что Бог воскресил Его из мертвых, то спасешься»*. Чтобы обрести спасение, нужно не только признавать Иисуса своим Спасителем, но также верить сердцем, что Он умер и воскрес из мертвых.

Если вы не верите в воскресение Иисуса, то не сможете поверить в свое собственное воскресение при Втором Пришествии Господа. У вас даже не будет веры в Его возвращение. Если вы не способны верить в существование Небес и ада, вам не обрести силу для того, чтобы жить согласно Божьему Слову и получить спасение.

Высшая цель христианской жизни

Об этом говорится в Первом послании к Коринфянам 15:19: *«И если мы в этой только жизни надеемся на Христа, то мы несчастнее всех человеков»*. В отличие от неверующих людей этого мира Божьи дети ходят в церковь, посещают богослужения и каждое воскресенье участвуют во многих служениях Господу. Чтобы жить согласно Божьему

Слову, они часто постятся и искренне молятся в Божьем святилище по утрам и вечерам, хотя иногда нуждаются в отдыхе.

Они не ищут собственной выгоды, а служат другим, жертвуя собой ради Божьего Царства. Именно поэтому, если бы не существовало Небес, верных можно было бы только пожалеть. Все же, Господь непременно вернется, чтобы забрать вас на Небеса, и Он готовит вам прекрасную обитель. Господь вознаградит вас согласно тому, что вы посеяли и совершили в этом мире.

В Евангелии от Матфея 16:27 Иисус говорит: *«Ибо приидет Сын Человеческий во славе Отца Своего с Ангелами Своими и тогда воздаст каждому по делам его».* Здесь слова *«воздаст каждому по делам его»* не означают просто приход на Небеса или в ад. Награда и слава верующих, попавших на Небеса, будет отличаться в соответствии с тем, как они жили в этом мире. Некоторые боятся услышать о том, что Господь скоро вернется. Все же, если вы истинно любите Бога и надеетесь на Небеса, естественно, что желаете быстрее встретить Господа. Если вы исповедуете своими устами: «Я люблю Тебя, Господь», но не желаете и даже боитесь услышать о Его возвращении, нельзя сказать, что у вас подлинная любовь к Господу.

С радостью в своем сердце примите Господа, своего Жениха, с нетерпением ожидая Его Второго Пришествия и готовя себя в качестве Его невесты.

Второе Пришествие Господа на облаках

Об этом написано в Первом послании к Фессалоникийцам 4:16-17: *«Потому что Сам Господь при возвещении, при гласе Архангела и трубе Божией, сойдет с неба, и мертвые во Христе воскреснут прежде; потом мы, оставшиеся в живых, вместе с ними восхищены будем на облаках в сретение Господу на воздухе, и так всегда с Господом будем».*

Когда Господь вернется снова на облаках, каждое Божье дитя изменится в духовное тело и вознесется на воздух для пребывания с Господом. Тела умерших спасенных верующих похоронены, но дух этих людей ожидает в Раю. Про них говорят, что они «уснули в Господе». Дух соединится с духовным телом, которое будет преобразовано из старого похороненного тела. За ними последуют те, кто примет Господа, не увидев смерти, изменившись в духовное тело и пребывая на воздухе.

Бог устраивает Брачный пир на воздухе

Когда Господь вернется на облаках, каждый спасенный со времени творения примет Его как Жениха. В это время Бог начнет Семилетний Брачный пир, чтобы утешить Своих детей, которые спаслись верой. Позднее они конечно же получат награду на Небесах за свои дела, но пока Бог устраивает этот пир на воздухе для успокоения всех Своих детей.

Например, если полководец возвращается с победой, как поступит царь? За отличную службу он одарит его многими наградами. Царь может предоставить ему дом, землю, денежное вознаграждение и также устроит пир в его честь. Таким же образом после дня Великого Суда на Небесах Бог даст Своим детям обитель и награду, но перед этим Он также устраивает Брачный пир, чтобы Его дети хорошо провели время и поделились своей радостью. Хотя в этом мире ради Божьего Царства служение у всех было различным, Бог приглашает на пир всех спасенных.

Где находится «воздух», на котором состоится Семилетний Брачный пир? Слово «воздух» здесь относится не к небу, которое мы видим. Если бы этот «воздух» был просто небом, которое мы обычно видим, все спасенные пришли бы на пир, плывя по небу. Кроме того, со времени творения окажется очень много спасенных душ, и они все не смогут пребывать на этом земном небе. Этот пир заранее запланирован и очень хорошо подготовлен, потому что Сам Бог обеспечит его проведение, чтобы утешить Своих детей. Для этого существует место, которое давно обеспечил Господь. Это — «воздух», который Бог подготовил к Семилетнему Брачному пиру, и он находится на Вторых Небесах.

«Воздух» относится ко Вторым Небесам

В Послании к Ефесянам 2:2 говорится о том времени, когда «... *вы некогда жили, по обычаю мира сего, по воле князя, господствующего в воздухе, духа, действующего ныне в сынах противления*». Поэтому «воздух» также является тем пространством, где у злых духов есть власть. Тем не менее место, где состоится Семилетний Брачный пир и где обитают злые духи, не одно и то же. Причина, по которой используется одинаковый термин «воздух», состоит в том, что оба места относятся ко Вторым Небесам. Все же, даже Вторые Небеса — не единственное пространство: оно разделено на несколько сфер. Поэтому место, где произойдет Брачный пир, отделено от области существования злых духов.

Бог сотворил новую духовную сферу, назвав ее Вторыми Небесами, использовав некоторую часть всего духовного царства. Потом Он разделил этот район на две области. Одна из них — Эдем, который является сферой света, принадлежащего Богу, а другая — зона тьмы, которую Бог отдал злым духам.

Бог создал Эдемский сад, в восточной части которого должен был оставаться Адам, пока не началось развитие человека. Господь взял Адама и поместил его в этот сад. Область тьмы Бог отдал злым духам, позволив им оставаться там. Эта зона и Эдем строго разделены.

Место Семилетнего Брачного пира

Где будет Семилетний Брачный пир? Эдемский сад — только часть Эдема, и там есть много других районов. В одном из этих пространств Бог приготовил место для Семилетнего Брачного пира.

Место, где состоится Семилетний Брачный пир, намного красивее Эдемского сада. Там растут прекрасные цветы и деревья. Ярко сияют многоцветные огни, и это место окружает невыразимо красивая и чистая природа. Пространство здесь настолько обширное, что все, кто был спасен, начиная от создания мира, встретятся на пиру. В этом месте расположен огромный замок, вмещающий всех приглашенных на пир. Пир состоится в замке, и спасенных ожидают невообразимо счастливые мгновения. Теперь мне бы хотелось пригласить вас в замок празднования Семилетнего Брачного пира. Я надеюсь, что вы сможете почувствовать счастье, став невестой Господа, Который является почетным гостем на пиру.

Встреча с Господом в ярком и прекрасном месте

Войдя в банкетный зал, вы оказываетесь в светлом, заполненном яркими огнями, помещении, которого вы никогда прежде не видели. Ваше тело становится легче перышка. Когда вы мягко приземляетесь на зеленую траву, ваши глаза начинают замечать окружающий мир, который из-за очень яркого света прежде казался невидимым. Видны небо, озеро, столь ясное и чистое, что ослепляет ваши глаза. Сияние озера подобно драгоценным камням, которые излучают свой замечательный свет всякий раз, когда слегка колеблется вода.

Все наполнено цветами, и эту область окружает зеленый лес. Цветы качаются назад и вперед, как будто они вам кивают, и вы ощущаете насыщенный, чудесный и сладкий аромат, который никогда прежде не ощущали. Скоро появятся разноцветные птицы, приветствуя вас своим пением. В озере, которое настолько чистое, что позволяет увидеть все, находящееся ниже поверхности, плавают удивительно красивые рыбы, которые поднимают головы и здороваются с вами.

Даже трава, на которой вы стоите, столь же мягкая как вата. Ветер, заставляющий легко трепетать вашу одежду, тихо обволакивает вас. В этот момент ваши глаза воспринимают сильный свет, и вы видите одного человека, стоящего посреди такого свечения.

Господь обнимает вас со словами: «Моя невеста, Я люблю Тебя»

С кроткой улыбкой на лице и широко раскрытыми объятиями, Он приглашает вас подойти к Нему. По мере вашего приближения Его лицо становится ясно видимым. Вы впервые видите Его лицо, но очень хорошо знаете, кто Он. Это — Господь Иисус, ваш Жених, Которого вы любите, и все это время стремились увидеть. В этот момент у вас на глаза наворачиваются слезы, вы плачете и не можете остановиться, потому что вы вспомнили время своего развития на этой земле. Теперь вы находитесь лицом к лицу с Господом, помогавшим вам побеждать в нашем мире даже в самых трудных ситуациях, встречая гонения и испытания. Господь подходит к вам, прижимает к Себе и говорит: «Моя невеста, которую Я ждал в этот день. Я люблю тебя». После этого у вас из глаз проливается еще больше слез. Тогда Господь осторожно вытирает ваши слезы, и вы ощущаете крепкие объятия. Если посмотреть в Его глаза, можно почувствовать Его сердце: «Я знаю все о тебе. Мне известны все твои слезы и боль. Отныне будет только счастье и радость».

Как долго вы стремились к такому мгновению? Находясь в Его объятиях, мы пребываем в наибольшем покое, а все ваше тело охватывает радость и полнота.

Теперь вы слышите мягкий, глубокий и красивый звук хвалы. Господь берет вас за руку и ведет туда, откуда доносится прославление.

Зал Брачного пира полон красочных огней

Мгновение спустя вы видите роскошный светлый замок, который являет собой великолепие и красоту. Когда стоишь перед вратами замка, они тихо открываются, и из замка исходят яркие огни. Когда вы входите в замок с Господом, как будто вас привлек внутрь свет, там находится большой зал, другой конец которого нельзя увидеть. Зал обрамлен прекрасными украшениями и предметами и полон красочных, ярких огней.

Звук хвалы становится теперь более ясным, и он мягко распространяется по всему залу. Наконец громким гласом Господь возвещает начало Семилетнего Брачного пира, и вам кажется. что все происходит во сне.

Вы счастливы? Конечно, не каждый, приглашенный на пир, может так быть с Господом. Только те, кто к этому готов, сможет следовать за Ним и быть в Его объятиях.

Поэтому необходимо приготовить себя в качестве невесты и участвовать в божественном естестве. Тем не менее, даже если не все люди могут взять Господа за руку, они почувствуют такое же счастье и полноту.

Наслаждение счастливыми мгновениями с пением и танцами

Как только начнется Брачный пир, вы будете петь и танцевать с Господом, празднуя имя Бога Отца. Танцуя с Господом, вы сможете беседовать с Ним о том, как вы жили на этой земле, или о Небесах, где вы собираетесь жить. Вы также поговорите о любви Бога Отца и прославите Его. Вы сможете вести замечательные беседы с людьми, с которыми вам давно хотелось пообщаться.

Вы наслаждаетесь плодами, которые тают у вас во рту и пьете воду жизни, которая течет от Престола Отца, а пир продолжается. Вам не нужно оставаться в замке все семь лет. Время от времени из него можно выходить, проводя радостные моменты вне стен замка.

Какие радостные события ожидают вас за его пределами? Вы в состоянии наслаждаться красивой природой с ее лесами, деревьями, цветами и птицами. Можно гулять с близкими вам людьми по дорогам, украшенным прекрасными цветами, беседуя с ними и славя Господа пением и танцами. Там будет много радости. Например, люди могут кататься на лодке по озеру вместе с теми, кого они любят, или с Самим Господом. Вы сможете плавать или получать удовольствие от разных видов развлечений и игр. Божья забота и любовь предусмотрела много того, что принесет вам невообразимую радость и восхищение.

В течение семи лет Брачного пира свет никогда не выключается. Конечно, Эдем — область света, и там нет ночи. Там нет нужды в отдыхе и сне, как на этой земле. Независимо от того, как долго длится наслаждение, такая деятельность вас никогда не утомит, но состояние радости и счастья будет возрастать. Это вызвано тем, что там нет времени, и эти семь лет подобны семи дням или даже семи часам. Даже если на земле остались ваши родители, дети или родственники, которые не были восхищены и страдают во время Великой Скорби, от радости и счастья время летит настолько быстро, что вы не думаете о них.

Благодарность за спасение

Люди Эдемского сада и гости Брачного пира могут видеть друг друга, но они не могут приходить и уходить. Кроме того, злые духи тоже могут видеть Брачный пир, а вы их. Конечно, злые духи не могут даже подумать о том, чтобы подойти к месту пира, но вы будете их видеть. Наблюдая за пиром и за тем, как счастливы люди, злые духи испытывают большую боль, поскольку они не в состоянии забрать хотя бы одного человека в ад и оставляют людей Богу.

Глядя на злых духов, вы вспоминаете о том, как во время вашего развития на этой земле они старались поглотить вас подобно рыкающему льву. Вы начинаете испытывать еще больше благодарности за благодать Бога Отца, Господа и Святого Духа, которые защищали вас от сил тьмы и направляли к тому, чтобы вы стали Божьим дитем. Кроме того, у вас появляется еще больше признательности к тем, кто помогал вам следовать путем жизни.

Поэтому Семилетний Брачный пир — это не только время для отдыха и утешение за боль, испытанную во время развития на этой земле, но также период, который напоминает о времени, проведенном в нашем мире, чтобы мы исполнились большей благодарностью за Божью любовь. Вы также размышляете о вечной жизни на Небесах, которая будет прекрасней, чем Семилетний Брачный пир. Счастье на Небесах нельзя сравнить с Семилетним Брачным пиром.

Семь лет Великой Скорби

В то время как в воздухе проходит счастливый брачный пир, на этой земле наступает Семь лет Великой Скорби. В виду огромного масштаба Великой Скорби, которой никогда не было и не будет после, большая часть земли окажется разрушенной, а большинство оставшихся людей умрет.

Конечно, некоторые из них спасутся так называемым «собирающим спасением». После Второго Пришествия Господа многих людей оставят на этой земле, потому что они вообще не верили, или у них отсутствовала должная вера. Все же, если в течение Семи лет Великой Скорби они раскаиваются и становятся мучениками, то могут обрести спасение. Это называется «собирающим спасением».

Однако непросто в течение Семи лет Великой Скорби стать мучеником. Даже если в начале человек решает стать мучеником, из-за жестоких пыток и преследования со стороны Антихриста, который вынуждает всех принять начертание «666», большинство людей отречется от Господа.

Сначала они твердо отказываются от этой печати, потому что им известно, что это начертание говорит о принадлежности сатане. Но очень тяжело выдержать пытки, сопровождаемые непереносимой болью. Если человек в состоянии преодолеть все мучения, он сдается, когда на его глазах пытают близких ему людей и членов семьи. Именно поэтому очень сложно спастись «собирающим спасением». Поскольку в это время люди не могут уже получить помощи от Святого Духа, им будет еще труднее сохранить веру.

Я надеюсь, что ни один из читателей этой книги не столкнется с Семью годами Великой Скорби. Причина, по которой я рассказываю об этом периоде, в том, чтобы сообщить о точном исполнении событий, записанных в Библии в отношении конца времени.

Другой причиной является предупреждение тем, кого оставят на земле после того, как Божьи дети вознесутся на воздух. В то время как истинные верующие поднимаются на облака, чтобы участвовать в Семилетнем Брачном пире, эту землю ожидает несчастный период — Семь лет Великой Скорби.

Мученики обретают «собирающее спасение»

После возвращения Господа на облаках некоторые из тех, кто не вознесется на воздух, покаются в том, что недостаточно веровали в Иисуса Христа. К «собирающему спасению» их направит Божье Слово, проповедуемое церковью, которая в конце времени показывает много проявлений Божьей силы. Они узнают, как спастись, какие развернутся события, и как следует реагировать на мировые катаклизмы, о которых пророчилось в Божьем Слове.

Некоторые действительно покаются перед Богом и спасутся, став мучениками. Конечно, среди таких людей окажутся и израильтяне. Они услышат «Слово о Кресте» и поймут, что Иисус, которого они не признавали Мессией, является истинным Божьим Сыном и Спасителем всего человечества. Тогда они раскаются, обретя «собирающее спасение». Они соберутся, чтобы вместе взрастить свою веру, и некоторые из них, узнав Божье сердце, станут мучениками, чтобы спастись.

Таким образом, книги, в которых ясно объясняется Божье Слово, не только полезны для того чтобы укрепить веру многих верующих, но также они будут играть очень важную роль для тех, кто не вознесется на воздух. Поэтому вам следует понять дивную любовь и милосердие Бога, который подготовил все для спасения тех, кого оставят после Второго Пришествия Господа на облаках.

Тысячелетнее Царство

Невесты, которые закончили Семилетний Брачный пир, спустятся на эту землю и в течение тысячи лет будут править вместе с Господом (Откр. 20:4). Когда Господь вернется на землю, Он очистит сначала воздух, а затем обновит всю природу и сделает ее красивой.

Посещение новой очищенной земли

Подобно тому, как новобрачные уезжают на медовый месяц, вы совершите путешествие с Господом, своим Женихом, во время Тысячелетнего царствования после Семилетнего Брачного пира. Что же вам, прежде всего, захочется посетить?

Божьи дети, невесты Господа, пожелают посмотреть на эту землю, поскольку скоро им придется ее покинуть. После Тысячелетия Бог переместит все, относящееся к Первым Небесам: землю, на которой происходило развитие человечества, солнце и луну.

Поэтому после Семилетнего Брачного пира Бог Отец заново прекрасно обставит землю и во время Тысячелетнего царства позволит вам править на ней с Господом прежде, чем убрать ее в другое место. Это — заранее запланированный процесс согласно Божьему провидению, когда за шесть дней Он все сотворил на Небесах и на земле, отдыхая в седьмой день. Это делается для вас, чтобы вы не чувствовали сожаления к оставленной земле. Вы насладитесь восхитительным временем, когда будете править вместе с Господом этой красивой и обновленной землей. Посещая все места, в которых вы не были при жизни на этой земле, вы почувствуете счастье и радость, которых у вас прежде не знали.

Правление в течение одной тысячи лет

В это время не будет врага - сатаны и дьявола. Так же, как в Эдемском саду, здесь будет только мир и отдых в прекрасной обстановке. На этой земле останутся те, кто спасен, и Господь, но они не станут жить вместе с плотскими людьми, которые пережили Великую Скорбь. Спасенные верующие вместе с Господом будут обитать в отдельном месте, подобном царскому дворцу или замку. Другими словами, духовные люди будут жить в пределах замка, а плотские — вне его, потому что духовные и плотские тела не могут вместе находиться в одном месте.

Духовные люди уже преобразуются в духовные тела, обретя вечную жизнь. Они будут питаться ароматом цветов, но иногда также смогут вкушать пищу с плотскими людьми, если окажутся вместе с ними. Все же, даже если такой человек ест, он не выделяет экскрементов подобно плотским людям. Если ему и приходится вкушать физическую пищу, то с помощью дыхания она будет растворяться в воздухе.

Плотские люди захотят увеличить свое число на земле, потому что после Семи лет Великой Скорби в живых останется мало. В это время не будет болезней или зла, потому что воздух станет чистым, а враг сатана и дьявол там не появится. Поскольку враг сатана и дьявол, который управляет злом, окажется заключенным в Бездне, неправедность и зло в природе человека не будут проявляться (Откр. 20:3). Поскольку смерти не будет, земля снова наполнится людьми.

Чем будут питаться плотские люди? Когда Адам и Ева жили в Эдемском саду, они ели только плоды и сеющие семя растения (Быт. 1:29). После того, как Адам и Ева не повиновались Богу и были изгнаны из Эдемского сада, они начали питаться полевыми растениями (Быт. 3:18). После потопа, во времена Ноя, мир наполнился злом, и Бог разрешил человечеству есть мясо. Вы видите, что чем больше зла в мире, тем более нечистой становится пища людей.

В течение Тысячелетнего царства люди будут питаться полевыми зерновыми культурами или плодами деревьев. Они не станут вкушать никакого мяса, подобно тому, как поступало человечество до потопа, во времена Ноя, потому что не будет зла или убийств. Также в виду того, что в течение Великой Скорби все цивилизации окажутся разрушенными войнами, люди возвратятся к примитивному образу жизни и увеличатся в числе на земле, которую обновит Бог. Они заново начнут жить на лоне чистой природы, которая будет незагрязненной, мирной и красивой.

Кроме того, хотя до Великой Скорби существовала очень развитая цивилизация, отличавшаяся знанием, достигнуть современного уровня за период в сто или двести лет нельзя. Все же, с течением времени люди будут способны накопить мудрость, чтобы в конце Тысячелетия оказаться на сегодняшнем уровне развития.

Вознаграждение Небесами после Судного Дня

После Тысячелетнего царства на короткое время Бог освободит врага сатану и дьявола, который был заключен в тюрьму в Бездне, бездонной пропасти (Откр. 20:1-3). Хотя Сам Господь правит на этой земле, чтобы направлять плотских людей, которые переживут Великую Скорбь, и их потомков к вечному спасению, их вера не будет истинной. Поэтому Бог позволит врагу сатане и дьяволу искушать их.

Многие из плотских людей окажутся обманутыми и встанут на путь разрушения (Откр. 20:8). И Божьи люди снова поймут причину того, почему Бог создал ад, и поймут великую любовь Бога, который с помощью развития человека хочет обрести истинных детей.

Злых духов, которые в течение короткого времени получат свободу, снова заключат в бездонной пропасти, и состоится Суд Великого Белого Престола (Откр. 20:12). Как будет проходить этот Суд?

Бог руководит Судом Белого Престола

В июле 1982 года, в то время как я молился об открытии церкви, мне стало известно о Суде Великого Белого Престола. Бог подробно показал мне сцену, в которой Он судит всех людей. Господь Иисус Христос и Моисей стоят перед Престолом, а вокруг находятся те, кому отводится роль присяжных.

В отличие от судей этого мира Бог совершенен и не допускает ошибок. Все же, Он судит вместе с Господом – защитником любви, Моисеем – обвинителем закона, а также другими людьми – присяжными заседателями. В Откровении Иоанна Богослова 20:11-15 точно описывается, как станет судить Бог:

«И увидел я великий белый престол и Сидящего на нем, от лица Которого бежало небо и земля, и не нашлось им места. И увидел я мертвых, малых и великих, стоящих пред Богом, и книги раскрыты были, и иная книга раскрыта, которая есть книга жизни; и судимы были мертвые по написанному в книгах, сообразно с делами своими. Тогда отдало море мертвых, бывших в нем, и смерть и ад отдали мертвых, которые были в них; и судим был каждый по делам своим. И смерть и ад повержены в озеро огненное. Это смерть вторая. И кто не был записан в книге жизни, тот был брошен в озеро огненное».

Слова «великий белый престол» относятся к Престолу Бога, который является судьей. Бог, сидящий на Престоле, от яркого света кажущегося белым, с любовью и праведностью осуществляет Суд, чтобы отправить в ад именно солому, а не пшеницу.

Вот почему Библия называет его Судом Великого Белого Престола. Бог будет судить согласно Книге Жизни, в которой записано имя спасенного человека, и других книг, где описываются все дела людей.

Неспасенные люди попадут в ад

Перед Престолом Бога находится не только Книга

Жизни, но и другие книги, в которых записан каждый поступок человека, не принявшего Господа или не обладавшего истинной верой (Откр. 20:12). С момента рождения и до того мгновения, когда Господь призвал его дух, в этих книгах записаны все поступки человека. Например, ангелы регистрируют все хорошие дела, ругательства в адрес других людей, драки или вспышки гнева. Так же, как в течение долгого времени вы можете отражать некоторые события и диалоги с помощью видеокамеры или различных типов записывающих устройств, ангелы записывают на Небесах все ситуации в книгах согласно повелению Всемогущего Бога.

Поэтому Суд Великого Белого Престола будет осуществляться точно, без какой бы то ни было ошибки. Как же выносится приговор?

Сначала судят неспасенных людей. Они не могут предстать перед Богом, потому что являются грешниками. Им вынесут приговор в Гадесе, Месте Ожидания ада. Хотя они сами не придут на суд, их приговор окажется таким же строгим, как будто это происходило непосредственно перед Богом. Среди грешников Бог сначала осудит тех, у кого наиболее тяжелые грехи. После суда все неспасенные люди попадут или в озеро огненное или озеро, горящее серой, и подвергнутся вечному наказанию.

Спасенные люди получат на Небесах награду

После окончания суда над неспасенными людьми, последует присуждение наград тем, кто спасен. Как обещано Богом в Откровении Иоанна Богослова 22:12: «*Се, гряду скоро, и возмездие Мое со Мною, чтобы воздать каждому по делам его»*, обитель и награда на Небесах будут распределены надлежащим образом.

Суд, на котором будут назначены награды для детей Божьих, пройдет в мире в присутствии Бога. Награждение начнется с тех, у кого самая большая награда, и закончится людьми с наименьшей наградой, а затем Божьи дети взойдут в соответствующие обители.

> *«И ночи не будет там, и не будут иметь нужды ни в светильнике, ни в свете солнечном, ибо Господь Бог освещает их; и будут царствовать во веки веков» (Откр. 22:5).*

Несмотря на многие лишения и трудности в этом мире, вы счастливы благодаря надежде на Небеса! Там у вас будет вечная жизнь с Богом, наполненная только счастьем и восхищением, без слез, горя, боли, болезни или смерти.

Я даю только небольшое описание Семилетнего Брачного пира и Тысячелетнего царства, в течение которого вы будете править вместе с Господом. И если эти времена — только прелюдия к жизни на Небесах, насколько же радостнее будет на Небесах! Поэтому вам необходимо стремиться к своему месту и награде, приготовленной вам на Небесах, до момента возвращения Господа за вами.

Почему отцы веры так старались идти узким путем Господа и так страдали от этого, вместо того чтобы выбирать легкие дороги этого мира? Много ночей они постились и молились, отбрасывая свои грехи и полностью освящая себя, потому что у них была надежда на Небеса. Поскольку эти люди верили в Бога, который вознаградит их на Небесах согласно их поступкам, они очень хотели стать святыми и верными всему Божьему дому.

Я молюсь именем Господа, чтобы вы не только участвовали в Семилетнем Брачном пире, пребывая в объятиях Господа, но и оставались рядом с Божьим Престолом, имея надежду на Небеса.

✧ Глава 4 ✧

Тайны Небес,
скрытые со времени Творения

Он сказал им в ответ:
для того, что вам дано знать
тайны Царствия Небесного,
а им не дано, ибо кто имеет,
тому дано будет и приумножится,
а кто не имеет,
у того отнимется и то, что имеет...

Все сие Иисус
говорил народу притчами,
и без притчи не говорил им.
да сбудется
реченное через пророка,
который говорит:
отверзу в притчах уста Мои,
изреку сокровенное от создания мира.
- Евангелие от Матфея 13:11-35

Однажды, когда Иисус сидел на берегу моря, собралось много людей. Тогда Иисус в притчах рассказал им о многих явлениях. Ученики Иисуса потом спросили Его:

«Для чего притчами говоришь им?» -

«...Для того, что вам дано знать тайны Царствия Небесного, а им не дано, ибо кто имеет, тому дано будет и приумножится, а кто не имеет, у того отнимется и то, что имеет...

Ваши же блаженны очи, что видят, и уши ваши, что слышат, ибо истинно говорю вам, что многие пророки и праведники желали видеть, что вы видите, и не видели, и слышать, что вы слышите, и не слышали» (Мат. 13:10-17).

Иисус сказал, что многие пророки и праведники не могли видеть тайны Небесного Царства или слышать о них, хотя им хотелось их видеть и слышать об этих тайнах.

Все же, потому что Иисус Христос, который по природе является Самим Богом, пришел на эту землю (Фил. 2:6-8), это позволило Ему показать ученикам тайны Небес. Как написано в Евангелии от Матфея 13:35: *«Да сбудется реченное через пророка, который говорит: отверзу в притчах уста Мои; изреку сокровенное от создания мира»,* Иисус сказал в притчах, что необходимо выполнить то, о чем написано в Священном Писании.

Тайны Небес, явленные со времени Иисуса Христа

«Крестный путь», который является Божьим способом обрести истинных детей, был задуман еще до творения, но скрывался втайне (1 Кор. 2:7). Если бы этого не произошло, враг сатана и дьявол не распял бы Иисуса, открыв путь человеческого спасения.

Таким же образом, если бы тайны Небес не скрывались со времени творения, не осуществилось бы развитие человека, которому следовало стать истинным Божьим дитем. Однако, после того как Иисус пришел на эту землю и начал Свое Служение, Он допустил раскрытие тайн Небес, чтобы, понимая их, люди приносили много плодов.

С помощью притч Иисус открывает тайны Небес

В Евангелии от Матфея в главе 13-й встречается много притчей о Небесах. Это вызвано тем, что без притчей нельзя понять и осознать тайны Небес, даже если вы много раз прочитаете Библию.

«Царство Небесное подобно человеку, посеявшему доброе семя на поле своем...»

«Царство Небесное подобно зерну горчичному, которое человек взял и посеял на поле своем, которое, хотя меньше всех семян, но, когда вырастет...»

«Царство Небесное подобно закваске, которую женщина, взяв, положила в три меры муки, доколе не вскисло все.»

«Еще подобно Царство Небесное сокровищу, скрытому на поле...»

«Еще подобно Царство Небесное купцу, ищущему хороших жемчужин...»

«Еще подобно Царство Небесное неводу, закинутому в море и захватившему рыб всякого рода...»

С помощью многих притчей Иисус проповедовал о Небесах, которые находятся в духовном царстве. Поскольку Небеса расположены в невидимом духовном пространстве, их можно понять только благодаря притчам. Чтобы обладать вечной жизнью на Небесах, следует вести надлежащую жизнь веры, зная, как туда попасть, какие люди окажутся на Небесах, и когда это произойдет.

С какой целью мы ходим в церковь и живем по вере? Чтобы спастись и попасть на Небеса. Жаль, если человек не попадет на Небеса, хотя он долго ходил в церковь! Даже во времена Иисуса Христа многие повиновались закону и выражали свою веру в Бога, но этого оказалось недостаточно, чтобы обрести спасение и взойти на Небеса. По этой причине в Евангелии от Матфея в главе 3-й Иоанн Креститель возвещает: *«Покайтесь, ибо приблизилось Царство Небесное!»* и приготовьте путь Господу. Также он сказал людям, что Иисус является Спасителем и Господом Страшного Суда: *«Я крещу вас в воде в покаяние, но Идущий за мною сильнее меня... Он будет крестить вас Духом Святым и огнем; лопата Его в руке Его, и Он очистит гумно Свое и соберет пшеницу Свою в житницу, а солому сожжет огнем неугасимым».*

Однако тогда народ Израиля не только не признал Его как своего Спасителя, но даже распял Иисуса. Как печально, что и сегодня они все еще ждут Мессию!

Тайны Небес, явленные апостолу Павлу

Хотя апостол Павел не был среди первых двенадцати учеников Иисуса, он не отставал от других в своем свидетельстве об Иисусе Христе. До встречи с Господом Павел был фарисеем, строго соблюдавшим закон и традицию старших, и иудеем, с рождения обладавшим римским гражданством, и он принимал участие в преследовании ранних христиан. Однако после встречи с Господом по пути в Дамаск он изменился и повел многих людей на путь спасения, благовествуя язычникам.

Бог знал, что Павлу придется много пострадать от преследований во время своего служения. Именно поэтому Он ему открыл дивные тайны Небес, чтобы апостол стремился к цели (Фил. 3:12-14). С совершенной радостью и надеждой на Небеса Бог позволил ему проповедовать Евангелие.

Если вы читаете послания Павла, то знаете, что по вдохновению Духа Святого он писал о возвращении Господа, о верующих, которых вознесут на воздух, их обителях на Небесах, славе Небес, вечной награде и венцах, Мелхиседеке, вечном священнике, и Иисусе Христе.

Во Втором послании к Коринфянам в главе 12-й Павел делится духовным опытом с верующими коринфской церкви, которую он основал и которая отклонилась от Божьего Слова:

«Не полезно хвалиться мне, ибо я приду к видениям и откровениям Господним. Знаю человека во Христе,

*который назад тому четырнадцать лет (в теле
ли — не знаю, вне ли тела — не знаю: Бог знает)
восхищен был до третьего неба. И знаю о таком
человеке ([только] не знаю — в теле, или вне тела:
Бог знает), что он был восхищен в рай и слышал
неизреченные слова, которых человеку нельзя
пересказать».*

Бог избрал апостола Павла для благовестия язычникам,
очистил его огнем и дал ему видение и откровения. Бог
вел его так, чтобы с любовью, верой и надеждой на Небеса
апостол преодолел все трудности. Например, Павел
признавал, что его вознесли в Рай на Третьих Небесах, и
четырнадцать лет назад он слышал о тайнах Небес, но они
были настолько дивные, что человеку не разрешалось о них
говорить.

Апостол — тот, кто призван Богом и полностью
повинуется Его воле. Однако среди членов коринфской
церкви встречались некоторые люди, которых обманули
лжеучители, и они осуждали апостола Павла. Тогда
апостол перечислил все трудности, которые он перенес
ради Господа, и использовал свой духовный опыт, чтобы
направить коринфян к превращению в прекрасных невест
Господа, поступающих согласно Божьему Слову. Это было
не для восхваления его собственного духовного знания, а
для создания и укрепления Церкви Христа путем защиты и
утверждения его апостольства.

Необходимо понять, что видение и откровения Господа
даруются только тому, кто в Божьих глазах является
надлежащим человеком. Также, в отличие от членов
коринфской церкви, которые были обмануты лжеучителями

и осуждали Павла, не следует судить никого, кто работает для расширения Божьего Царства, спасая многих людей, и признан Богом.

Тайны Небес, раскрытые апостолу Иоанну

Апостол Иоанн был одним из двенадцати учеников Иисуса, которого Господь очень любил. Сам Иисус не только называл его учеником, но и духовно воспитал Иоанна так, чтобы он мог находиться рядом со своим учителем. Ученик был по характеру настолько несдержанным, что его обычно называли «сыном грома». Тем не менее, силой Божьей он изменился и стал апостолом любви. Иоанн следовал за Иисусом, стремясь к славе на Небесах. Кроме того, он был единственным учеником, который услышал последние семь слов Иисуса, произнесенные на кресте. Иоанн сохранял верность своим апостольским обязанностям и стал великим человеком на Небесах. Его, как и многих христиан, живших в Римской империи, преследовали за Слово Божье. По преданию, его бросили в кипящее масло, но он не умер, и был сослан на остров Патмос. Там апостол глубоко общался с Богом и написал Книгу Откровение, которая наполнена тайнами Небес.

Иоанн записал свои духовные видения: Престол Бога и Агнца на Небесах, небесное поклонение, четырех животных вокруг Божьего Престола, Семь лет Великой Скорби и роль ангелов, Брачный пир Агнца и Тысячелетнее царство, Суд Великого Белого Престола, ад, Новый Иерусалим на Небесах и бездонная пропасть, Бездна.

Именно поэтому апостол говорит в Откровении Иоанна Богослова 1:1-3, что эта Книга создана откровениями и видениями от Господа, и все, записанное в ней, скоро произойдет.

> *«Откровение Иисуса Христа, которое дал Ему Бог, чтобы показать рабам Своим, чему надлежит быть вскоре. И Он показал, послав оное через Ангела Своего рабу Своему Иоанну, который свидетельствовал слово Божие и свидетельство Иисуса Христа и что он видел. Блажен читающий и слушающие слова пророчества сего и соблюдающие написанное в нем; ибо время близко».*

Слова «время близко» подразумевают, что приближается время возвращения Господа. Поэтому очень важно оказаться достойным того, чтобы взойти на Небеса верой во спасение.

Можно ходить в церковь, но не иметь спасения, если у вас нет веры, сопровождаемой делами. Иисус говорит вам: *«Не всякий, говорящий Мне: „Господи! Господи!", войдет в Царство Небесное, но исполняющий волю Отца Моего Небесного»* (Мат. 7:21). Поэтому, если вы не поступаете согласно Божьему Слову, очевидно, что вам не попасть на Небеса.

Вот почему в Откровении, начиная с главы 4-й, апостол Иоанн подробно объясняет события и пророчества, которые скоро произойдут и исполнятся, сказав в заключение, что Господь возвращается и необходимо омыть нашу одежду.

> *«Се, гряду скоро, и возмездие Мое со Мною, чтобы воздать каждому по делам его. Я есмь Альфа и Омега, начало и конец, Первый и Последний»* (Откр. 22:12-13); *«Блаженны те, кто омоют свои одежды. У них будет*

право вкусить от древа жизни, пройти через ворота и войти в город» (Откр. 22:14. Библия. Современный перевод библейских текстов. Москва, 1997г.).

Духовно одежда представляет собой сердце и дела человека. «Омыть одежды» - значит покаяться в грехах и стараться жить согласно Божьей воле. В той степени, в какой вы живете по Слову, вы сможете пройти в ворота и войдете в самое прекрасное из Небес — Новый Иерусалим.

В книге *«Мера веры»,* которая будет издана немного позднее, я объясняю, что в вере есть процесс роста. Апостол Иоанн различает веру детей, отроков, юношей и отцов.

Поэтому вы должны понять, что чем больше вырастет ваша вера, тем лучшей у вас окажется обитель на Небесах.

Тайны Небес открываются сегодня

Прошло около двух тысяч лет с тех пор, как апостол Иоанн написал книгу Откровения, и сегодня время второго пришествия Господа еще более приблизилось. Поэтому Бог дает духовное зрение некоторым людям и позволяет им увидеть Небеса и ад. Он позволяет некоторым верующим в духе побывать на Небесах и в аду, а затем вдохновляет их рассказать об увиденном верующим и неверующим.

Мне жаль, что я не могу объяснить больше о Небесах и аде, потому что они принадлежат огромной духовной сфере. Иногда нам рассказывают об этом не совсем верно, или слушатели понимают это неправильно.

Мне очень хотелось узнать о Небесах побольше. В течение семи лет я молился об этом и держал многодневные посты, ожидая ответа. В мае 1984 года, перед днем моего рождения, Бог приказал мне три дня поститься в укромном месте вдали от церкви и позволил мне иметь с Ним глубокое общение. Тогда Он подробно рассказал мне о Небесах, и я записал увиденное на 120 страницах тетради. Он показал мне чудесную, дивную и прекрасную жизнь на Небесах. Показал обители и награды, которые люди получат по мере своей веры. В течение нескольких месяцев я читал серию проповедей о Небесах в своей церкви. Позже Бог еще открыл мне тайны Небес, когда объяснял Книгу Откровения. Он продолжает говорить мне об этом с 1998 года. Бог открыл мне многое, сокрытое от начала времени. Как сказал апостол Павел, то, о чем «человеку нельзя пересказать».

Бог позволяет мне знать о Небесах и глубоких тайнах духовной сферы по двум причинам. Во-первых, Бог желает спасения многих через мое свидетельство о Боге и Спасителе Иисусе Христе. Во-вторых, святой, совершенный Бог желает привести Своих детей к святости и совершенству. Провозглашением Евангелия святости Он желает подготовить их как невест, к возвращению Господа.

Вы должны понять, что конец близок. Вы должны быть готовыми к тому, чтобы войти в Новый Иерусалим, ясный и прекрасный, как кристалл. А это возможно, только если вы будете благовествовать и подготавливаться как прекрасная невеста Иисуса Христа.

Тайны небес «при кончине века»

Давайте поговорим о тайнах Небес, которые нам открыты на примере притчи Иисуса, записанной в Евангелии от

Матфея главе 13-й.

И отделят злых из среды праведных

В Евангелии от Матфея 13:47-50 Иисус говорит, что Царство Небесное подобно закинутому в море неводу, в который попало множество всякой рыбы. Что это значит?

«Еще подобно Царство Небесное неводу, закинутому в море и захватившему рыб всякого рода, который, когда наполнился, вытащили на берег и, сев, хорошее собрали в сосуды, а худое выбросили вон. Так будет при кончине века: изыдут Ангелы, и отделят злых из среды праведных, и ввергнут их в печь огненную: там будет плач и скрежет зубов».

«Море» - здесь означает мир, «рыба» – все верующие, а рыбак, который закидывает невод и ловит рыбу, – Бог. Что означает - Бог закидывает невод, вытаскивает его, когда он наполнится рыбой, хорошую отбирает в корзины, а плохую выбрасывает вон? Это объясняет вам, что в конце века сего придут ангелы и возьмут праведных на Небеса, а нечестивцев бросят в ад.

Сегодня многие считают, что обязательно войдут в Небесное Царство, если примут Иисуса Христа. Иисус же ясно говорит, что «ангелы отделят злых из среды праведных и ввергнут их в печь огненную». «Праведные» здесь – это верующие в Иисуса Христа своим сердцем и демонстрирующие веру делами. Вы становитесь праведным не потому, что знаете Слово Божье, а тогда, когда исполняете

Его заповеди и действуете по его воле (Мтф.7:21).

Библия ясно указывает нам на то, что делать, чего не делать, что соблюдать, а что отбрасывать. Только живущие по Слову Божьему – праведники, их вера – духовная и живая. Есть люди, про которых говорят, что они праведники. Праведники в глазах людей или в глазах Бога? Вам следует научиться различать эти категории и стремиться к тому, чтобы стать праведным в глазах Бога.

Например, если человек, считающий себя праведным, ворует, кто примет его праведность? Если называющие себя детьми Божьими продолжают грешить и не живут по Слову Божьему, то их нельзя назвать праведными. Такие люди являются «злыми в среде праведников».

Различная слава небесных тел

Если вы принимаете Иисуса Христа и живете только по Слову Бога, вы будете сиять, как солнце в Небесах. Апостол Павел пишет о тайнах Небес в Первом послании Коринфянам 15:40-41:

«Есть тела небесные и тела земные; но иная слава небесных, иная земных. Иная слава солнца, иная слава луны, иная звезд; и звезда от звезды разнится в славе».

Мы входим на Небеса только верой, поэтому слава Небес у каждого будет различной, в соответствии с мерой веры человека. Поэтому различается слава солнца, луны, звезд. И даже звезды друг от друга отличаются.

Давайте рассмотрим тайны Небес на примере притчи

о горчичном семени, записанной в Евангелии от Матфея 13:31-32:

> *«Иную притчу предложил Он им, говоря: Царство Небесное подобно зерну горчичному, которое человек взял и посеял на поле своем, которое, хотя меньше всех семян, но, когда вырастет, бывает больше всех злаков и становится деревом, так что прилетают птицы небесные и укрываются в ветвях его».*

Горчичное зернышко так мало, что напоминает точку, поставленную карандашом на бумаге. Но и такое крохотное семя вырастает в дерево, в ветвях его могут укрыться птицы. Что хотел сказать Иисус этой притчей? Небеса обретаются только верой, мера веры бывает разной. Если ваша вера сегодня «мала», вы сможете взрастить ее до «великой».

Если вы будете иметь веру с горчичное зерно

Иисус сказал в Матфея 17:20: *«...по неверию вашему; ибо истинно говорю вам: если вы будете иметь веру с горчичное зерно и скажете горе сей: „перейди отсюда туда“, и она перейдет; и ничего не будет невозможного для вас».* В ответ на просьбу учеников: *«Умножь в нас веру!»* - Иисус ответил: *«Если бы вы имели веру с зерно горчичное и сказали смоковнице сей: исторгнись и пересадись в море, то она послушалась бы вас»* (Л. 17:5-6).

Каково духовное значение этих стихов? Когда вера, малая, как горчичное зерно, вырастает, нет ничего невозможного верующему. Когда человек принимает Иисуса Христа, ему даруется вера с горчичное зерно. Когда он сеет его в своем сердце, оно дает росток. Когда семечко вырастает до размеров большого дерева, в котором могут укрыться даже птицы, верующий начинает видеть дела Божьи, которые творил Иисус: исцеление слепых, глухих, немых и возвращение мертвых к жизни.

Вы думаете, что имеете веру, но не можете показать дел Божьих, сталкиваетесь с проблемами в семье или в бизнесе, потому что ваша вера все еще с горчичное зерно и не выросла пока в большое дерево.

Процесс роста духовной веры

В Первом послании Иоанна 2:12-14 апостол Иоанн кратко объясняет рост духовной веры:

«Пишу вам, дети, потому что прощены вам грехи ради имени Его. Пишу вам, отцы, потому что вы познали Сущего от начала. Пишу вам, юноши, потому что вы победили лукавого. Пишу вам, отроки, потому что вы познали Отца. Я написал вам, отцы, потому что вы познали Безначального. Я написал вам, юноши, потому что вы сильны, и слово Божие пребывает в вас, и вы победили лукавого».

Вы должны понимать, что вера формируется в процессе. Вы должны работать над своей верой и стремиться к вере «отцов», которой вы сможете познать безначального Бога. Вы не должны останавливаться на вере «детей», чьи грехи прощены ради имени Иисуса Христа.

Иисус также говорит в Евангелии от Матфея 13:33:

«Царство Небесное подобно закваске, которую женщина, взяв, положила в три меры муки, доколе не вскисло всё». Вы должны понимать, что от размеров горчичного зерна до великой вера может вырасти так же быстро, как дрожжи поднимают тесто. В Первом послании Коринфянам 12:9 нам сказано, что вера – духовный дар от Бога.

Обретение Небес

Для того чтобы обладать Небесами, нужно прилагать усилия, потому что Небеса обретаются только верой, а вера формируется в процессе роста. Даже в этом мире необходимы усилия, чтобы разбогатеть или прославиться, не говоря уже о том, чтобы приобрести дом. Вы стараетесь из всех сил приобрести и сохранить то, что не можете удержать вечно. А как же нужно трудиться, чтобы получить славу и обитель в Небесах, которые будут принадлежать вам вечно?!

Иисус сказал в Матфея 13:44: *«Еще подобно Царство Небесное сокровищу, скрытому на поле, которое, найдя, человек утаил, и от радости о нем идет и продает всё, что имеет, и покупает поле то».* Он продолжает в Матфея 13:45-46: *«Еще подобно Царство Небесное купцу, ищущему хороших жемчужин, который, найдя одну драгоценную жемчужину, пошел и продал всё, что имел, и купил ее».*

Какие тайны Небес открываются нам притчами о сокровище, спрятанном в поле, и жемчужине? Иисус обычно рассказывал притчи о тех предметах, которые слушающие могли легко представить, потому что они встречались в их жизни. Давайте рассмотрим притчу о сокровище.

Небогатый человек зарабатывал на жизнь, обрабатывая

поле. Однажды, по просьбе своего соседа, он работал в его поле. Владелец сказал, что земля бесплодна, потому что долгое время не обрабатывалась. Он хотел посадить на ней фруктовые деревья, чтобы земля не пропадала зря. Земледелец согласился. Вскапывая землю, он наткнулся на что-то твердое. Продолжая копать, он нашел в земле сокровище. Рассуждая, каким образом, он мог бы его присвоить, он решил купить землю. Поскольку она была бесплодной и пустой, он был уверен, что хозяин земли не будет против. Земледелец вернулся домой, собрал все, что имел, и начал продавать имущество. Его совсем не огорчало то, что он продавал годами нажитые вещи, потому что нашедшее сокровище было дороже всего, чем он владел.

Притча о сокровище, спрятанном в поле

Что нам нужно понять из этой притчи? Я надеюсь, что вы понимаете тайну Небес, духовный смысл которой заложен в притче о сокровище. Я выделил здесь четыре аспекта:

Во-первых, поле - это ваше сердце, а сокровище – Небеса. Это значит, что Небеса, как сокровище, спрятаны в вашем сердце.

Бог создал человека, дав ему дух, душу и тело. Дух исполняет роль хозяина человека, общаясь с Богом. Душа подчиняется духу, а тело - это место, в котором живут дух и душа. В Бытии 2:7 сказано, что человек был живым духом.

Когда первый человек Адам совершил грех непослушания, его дух, то есть «хозяин», умер, и душа начала руководить человеком. Люди стали впадать в еще большие грехи, пошли дорогой смерти, так как не могли общаться с Богом. Они стали душевными людьми, находящимися под контролем врага - сатаны и дьявола. Бог послал Своего единственного Сына Иисуса в этот мир на распятие как жертву искупления человечества от их грехов. Этим открылся путь спасения для вас. Вы можете стать детьми святого Бога и опять войти с ним в общение. Поэтому тот, кто примет Иисуса Христа своим личным Спасителем, получит Святой Дух, и дух его оживет. Он также получит право называться чадом Бога, и радость наполнит его сердце. Это значит, что дух восстановил общение с Богом, стал управлять душой и телом человека. Это также означает, что у человека появляется страх Божий, желание слушаться Его Слова и исполнять долг человека.

Возродиться духом - значит найти сокровище, спрятанное в поле, поэтому Царствие Небесное теперь находится в вашем сердце.

Во-вторых, человек, нашедший в поле сокровище, радуется. Это значит, что, когда мы принимаем Иисуса Христа и получаем Святой Дух, наш дух возрождается, мы понимаем, что в нашем сердце теперь есть место Небесам, и мы радуемся.

Иисус говорит в Евангелии от Матфея 11:12: «... *Царство Небесное силою берется, и употребляющие усилие восхищают его...*». Апостол Иоанн также пишет в Откровении 22:14: «*Блаженны те, которые соблюдают заповеди Его, чтобы иметь им право на древо жизни и войти в город воротами*». Из этих стихов мы узнаем, что не всякий, принявший Иисуса Христа, войдет в те же обители в Царстве Небесном. Надо уподобляться Господу в истине, и тогда вы сможете унаследовать самые прекрасные обители на Небесах. Следовательно, любящие Бога и надеющиеся на Небеса исполняют Слово Божье и уподобляются Господу, оставляя зло и грехи. Вы будете обладать Небесами настолько, насколько наполните свое сердце Небесами, то есть благостью и истиной. Еще на земле, осознав, что в вашем сердце есть Царство Небесное, вы будете радоваться. Эта радость, подобная той, которую вы испытали, впервые встретившись с Иисусом Христом. Вы шли путем смерти, но встретили Христа и обрели истинную жизнь и вечные Небеса. Разве это не повод для безмерной радости! Вы будете испытывать глубокое чувство благодарности оттого, что верите в Царство Небесное. Радость человека, нашедшего сокровище в поле, - это радость человека, уверовавшего в Иисуса Христа, в чьем сердце теперь есть Царство Небесное.

В-третьих, если человек опять спрятал сокровище после того как нашел его, то это означает, что дух человека возродился и хочет исполнять Божью волю, но человек не может этого сделать, потому что не получил силы жить по Слову Божьему.

Земледелец не мог сразу выкопать сокровище. Сначала ему надо было продать свое имущество, чтобы на вырученные деньги приобрести поле. Приняв Иисуса Христа, вы узнаете о том, что есть Небеса и ад и как обрести Небеса. Но жить по Слову Божьему вы начинаете не сразу. До встречи с Господом вы жили неправедно, пренебрегая Словом Божьим, поэтому в вашем сердце много нечестия. Если вы не оставите грехов, сатана будет продолжать вести вас во тьму, не позволяя вам исполнять Слово Божье. Подобно земледельцу, который смог купить поле только после того, как продал все, что имел, вы обретете сокровище в своем сердце, когда оставите неправду и примите в сердце истину, как того желает Бог. Вы должны следовать истине, которой является Слово Божье, научившись зависеть от Бога и непрестанно молиться. Только так можно отбросить неправду и принять силу жить и действовать в соответствии с Божьим Словом. Помните, что Небеса приготовлены для таких людей.

В-четвертых, продать все - значит разрушить всю неправду души, дать возможность мертвому духу возродиться и стать хозяином человека.

Когда мертвый дух возродится, вы поймете, что Небеса существуют. Чтобы их обрести, нужно разрушить неправедные мысли, принадлежащие душе и находящиеся под контролем сатаны, и начать действовать по вере. Так, разбив яичную скорлупу, появляется на свет птенец. Чтобы полностью обладать Небесами, вам надо отбросить все злые дела и желания плоти. Вы должны освящаться во всей полноте и сохраняться непорочными в пришествие Господа (1 Фес. 5:23). Зло в сердце проявляется в делах плоти. В желаниях плоти отражается природа зла, имеющаяся в сердце человека, она может проявиться в делах в любое время. Например, в вашем сердце живет ненависть, это – желание плоти. Если ненависть реализуется в том, что вы ударите другого человека, это – дело плоти.

В Послании к Галатам 5:19-21 Павел строго предупреждает : «*Дела плоти известны; они суть:*

прелюбодеяние, блуд, нечистота, непотребство, идолослужение, волшебство, вражда, ссоры, зависть, гнев, распри, разногласия [соблазны], ереси, ненависть, убийства, пьянство, бесчинство и тому подобное. Предваряю вас, как и прежде предварял, что поступающие так Царствия Божия не наследуют».

В Послании к Римлянам 13:13-14 апостол говорит нам: *«Как днем, будем вести себя благочинно, не предаваясь ни пированиям и пьянству, ни сладострастию и распутству, ни ссорам и зависти; но облекитесь в Господа нашего Иисуса Христа, и попечения о плоти не превращайте в похоти».* К Римлянам 8:5 мы читаем: *«Ибо живущие по плоти о плотском помышляют, а живущие по духу -- о духовном».*

Следовательно, продать все, что имеете, значит разрушить имеющуюся в душе ложь против Бога, отбросить дела и желания плоти, противоречащие Слову Божьему, и все то, что вы любите больше Бога. Если будете продолжать искоренять грехи и зло, ваш дух будет все более возрождаться и вы сможете больше жить в соответствии со словом Божьим, следуя за желаниями Святого Духа. И наконец вы станете духовным человеком и достигните божественного естества нашего Господа (Фил.2:5-8).

Небеса в сердце

Обладать Небесами верой значит продать все, что имеешь, отбросить зло и достигнуть Небес сердцем. Когда вернется Господь, то неясные очертания Небес станут реальностью для таких верующих. Обладающий Небесами – самый богатый человек, даже если он оставил все в этом мире. Тот, кому не даны Небеса, – самый нищий человек, хоть он может и владеть многим в этом мире. Потому что все, что вам нужно, это Иисус Христос, а все, что вне Его, не имеет никакой ценности, так как после смерти в вечности нас всех ждет суд. Поэтому Матфей последовал за Иисусом, оставив свое занятие. Поэтому Петр пошел за Иисусом, оставив лодку и рыбацкие сети. Даже апостол Павел почел все сором после того как встретился со Христом. Апостолы желали обрести сокровище, более ценное, чем этот мир, поэтому они выкопали его. Вы тоже должны показать веру своими делами, послушанием Слову и отречением от своих прежних дел, направленных против Бога. Вы должны достигать Царства Небесного в своем сердце, «продавая» всякую неправду – упрямство, гордость, высокомерие, все то, что вы раньше считали сокровищем своего сердца. Не ищете мирского, продайте все, что имеете, чтобы в сердце своем достигнуть Небес и унаследовать вечное Небесное Царство.

В доме Отца моего обителей много

Из Евангелия от Иоанна 14:1-3 вы узнаете, что на Небесах много обителей, и что Иисус Христос пошел подготовить вам место.

«Да не смущается сердце ваше; веруйте в Бога, и в Меня веруйте. В доме Отца Моего обителей много. А если бы не так, Я сказал бы вам: Я иду приготовить место вам. И когда пойду и приготовлю вам место, приду опять и возьму вас к Себе, чтобы и вы были, где Я. А куда Я иду, вы

знаете, и путь знаете».

Господь готовит нам небесные обители

Иисус рассказал об этом своим ученикам перед тем, как Его схватили и повели на распятие. Зная, что учеников огорчило предательство Иуды Искариота, зная об отречении Петра, зная, что они будут горевать о Его смерти, Он утешил их, рассказав о небесных обителях. Он сказал им: *«В доме Отца Моего обителей много. А если бы не так, Я сказал бы вам: Я иду приготовить место вам».* Иисуса распяли, и Он воскрес на третий день, победив власть смерти. Через сорок дней Он вознесся на Небеса на глазах многих людей, чтобы приготовить вам обители. Что означают слова: «Я иду приготовить место вам»? В Первом послании Иоанна 2:2 сказано: *«Он есть умилостивление за грехи наши, и не только за наши, но и за грехи всего мира».* Это значит, что Иисус разрушил стену греха между людьми и Богом, чтобы всякий мог обрести Небеса верой. Без Иисуса Христа невозможно преодолеть стену греха. В Ветхом Завете, когда человек согрешал, он приносил Богу животное в искупление греха. Иисус дал вам возможность прощения, сделал совершенными освящаемых, принеся Себя в жертву один раз (Евреям 10:12-14).

Только через Иисуса Христа можно преодолеть стену греха между Богом и вами, можно получить благословения вечного Царства Небесного и насладиться прекрасной и счастливой вечной жизнью.

В доме Отца Моего обителей много

В Евангелии от Иоанна 14:2 сказано: *«В доме Отца Моего обителей много»*. Желая спасения каждого человека, Господь в этом стихе выразил все свое сердце. Почему Господь сказал: «В доме Отца Моего», а не в Царстве Небесном? Потому что Бог желает иметь не «граждан», а «детей», с которыми Он будет в вечности делиться Своей отеческой любовью. Бог управляет Небесами, там достаточно места для всех спасенных верой. По красоте Небеса не могут сравниться ни с чем на земле. Самым же красивейшим местом на Небесах является Новый Иерусалим, там находится Божий престол. Как резиденции президента Южной Кореи, Синий Дворец, находится в Сеуле - столице страны, президента США, Белый Дом, – в Вашингтоне, престол Бога находится в Новом Иерусалиме.

Новый Иерусалим находится в центре Небес, где будут вечно жить верующие. А самым отдаленным местом Небес является Рай. Один из разбойников, висевший на кресте рядом с Иисусом, уверовавший в Него, получивший спасение, но ничего не успевший сделать для Царства Небесного, попадет в Рай.

Небеса даются по мере веры

Зачем Бог приготовил много обителей для Своих детей? Бог – праведен, Он позволяет вам пожинать то, что вы посеяли (Гал. 6:7), и вознаграждает каждого по делам его (Матф. 16:27, Откр. 2:23). Поэтому Он подготовил обители в соответствии с верой каждого человека. В Послании к Римлянам 12:3 апостол пишет: *«По данной мне благодати, всякому из вас говорю: не думайте о себе более, нежели должно думать; но думайте скромно, по мере веры, какую каждому Бог уделил».* Вы должны понять, что небесная обитель и небесная слава каждому будет дана по вере его.

Ваши небесные обители определяются состоянием вашего сердца, тем, насколько оно преобразовалось в сердце Бога, насколько вы достигли Небес в своем сердце как духовная личность. Допустим, ребенок соревнуется со взрослым в спорте или ведет с ним какой-нибудь спор. Мир детей отличается от мира взрослых, и ребенку скоро станет скучно в компании взрослого. Мышление, язык и поведение детей отличаются от взрослых. Хорошо, когда дети играют с детьми, подростки с подростками, а взрослые вместе со взрослыми. Так же и в духовном мире. Поскольку каждый достигает своего уровня духа, Бог любви и праведности наделяет небесными обителями в соответствии с мерой веры Своих детей, чтобы все были счастливы.

Господь придет, когда подготовит небесные обители

В Евангелии от Иоанна 14:3 Господь обещает, что вернется и заберет нас с собой в Царство Небесное после того, как подготовит обители. Допустим, человек получил однажды Божью благодать и многие награды на Небесах за свою верность. Но если он уйдет обратно в мир, он отпадет от спасения и окажется в аду после смерти. Его небесные награды превратятся в ничто. Даже если он не попадет в ад, он лишится наград. Господь помнит все, что вы преданно делаете для Царства Божьего. Если вы освящаете свое сердце, обрезая его во Святом Духе, вы обязательно будете с Господом, когда Он вернется. Он благословит вас и будете сиять, как солнце в Небесах. Господь желает, чтобы все дети Божьи стали совершенными, поэтому Он сказал: *«...приду опять и возьму вас к Себе, чтобы и вы были, где Я»*. Иисус желает, чтобы вы очистились и крепко держались за слово надежды. Когда Иисус совершил волю Божью и прославил Его, Бог прославил Иисуса и дал Ему новое имя: «Царь царей, Господь господствующих». Так же Он поступит и с вами – прославите Бога в этом мире, Бог поведет вас к славе. Чем больше вы преобразуете свое сердце в сердце Бога, тем ближе вы займете место к престолу Бога в Царствии Небесном.

Небесные обители ждут своих хозяев, детей Божьих, как украшенные невесты ждут своих женихов. Апостол Иоанн написал в Откровении 21:2: *«И я, Иоанн, увидел святый город Иерусалим, новый, сходящий от Бога с неба, приготовленный как невеста, украшенная для мужа своего»*. Самая красивая невеста этого мира не сравнится с тем, что будет приготовлено в небесных обителях. Небесные дома там оснащены так, чтобы читать в мыслях желания своих хозяев и давать им вечное счастье. В Притчах 17:3 мы читаем: *«Плавильня - для серебра, и горнило - для золота, а сердца испытывает Господь»*. Я молюсь именем Господа, чтобы вы осознали, что Бог очищает людей и делает их Своими истинными детьми. Освещайтесь надеждой на Новый Иерусалим, прилагайте усилия, будьте верны всему Божьему дому и стремитесь к наилучшему в Царстве Небесном – Новому Иерусалиму.

Глава 5

Как мы будем жить на Небесах?

Есть тела небесные и тела земные;
но иная слава небесных, иная земных.
Иная слава солнца, иная слава луны,
иная звезд; и звезда от звезды разнится в славе.
- Первое послание Коринфянам 15:40-41

Счастье, которое ожидает людей на Небесах, не сравнится ни с чем на этой земле. Отдых на чудесном берегу у моря с любимым человеком – всего лишь мгновение, и оно тоже отравлено заботами о том, с чем мы сталкиваемся каждый день в своей жизни. Если, допустим, мы можем себе позволить отдыхать таким образом месяц, другой или целый год, нам наскучит такое времяпрепровождение, и мы начнем искать новые развлечения.

Жизнь на Небесах, прозрачных, как кристалл, сама по себе является счастьем, потому что там все новое, неизвестное, радостное и вечное. Вы будете проводить дивные часы вместе с Богом Отцом и Господом. Вы сможете насладиться своим хобби, любимыми играми по своему желанию. Давайте, посмотрим, как будут жить на Небесах дети Божьи.

Образ жизни на Небесах

Ваше физическое тело изменится в духовное тело и будет состоять из духа, души и небесного тела. Вы сможете узнать на Небесах своих близких – жену, мужа, детей или родителей. Вы узнаете своего пастыря, членов церкви. Вы вспомните то, что вы забыли здесь, на земле. Вы будете мудры, вы сумеете различать и понимать Божью волю. Некоторые спрашивают, будут ли наши грехи выставлены на Небесах. Этого не будет, потому что вы покаялись в своих грехах и Бог удалил от нас беззакония наши так далеко, как восток от запада (Псалом 103:12). Но он помнит наши добрые дела, потому что к тому времени, когда вы приходите на Небеса, все ваши грехи уже прощены. Как вы изменитесь и как будете жить на Небесах?

Небесное тело

Человек и животные на этой земле имеют определенный узнаваемый облик. Мы легко узнаем слона, льва, орла и человека. В трехмерном земном пространстве существует тело со своей формой, а в четырехмерном небесном мире есть небесное тело. На Небесах вы будете узнавать своих по небесному телу. Как выглядит небесное тело? Когда Господь вернется на землю, каждый из вас изменится в воскресшее тело, то есть духовное тело. После Великого Суда воскресшее тело преобразится в духовное тело, которое совершенно. В зависимости от награды каждый будет сиять своей славой. Небесное тело имеет кости и плоть, как тело Иисуса после Воскресения (Ин. 20:27), а новое тело будет состоять из духа, души и нетленного тела. Наше тленное тело изменится в новое Словом и силой Бога. Небесное тело, состоящее из вечных нетленных костей и плоти, обновившись и очистившись, будет сиять. Небесное тело будет целым и совершенным.

Небесное тело не будет исчезать, как тень, оно будет иметь ясную форму, не будет подвержено времени и пространству. Поэтому Иисус, явившись ученикам после Воскресения, мог проходить сквозь стены (Ин. 20:26).

Земные наши тела стареют, покрываются морщинами, а небесные будут нетленными, всегда молодыми и сияющими, как солнце.

Не старше 33-х лет

Многие спрашивают, какого размера будут наши небесные тела, будут ли тела детскими или взрослыми. На Небесах у всех, умерших в молодом или пожилом возрасте, тела будут не старше 33-х лет, то есть возраста, в котором Иисус был распят на кресте. Почему Бог позволит вам всегда оставаться в этом возрасте? Солнце ярче всего сияет в полдень, а расцвет человеческой жизни приходится на 33 года. Люди младше 30 еще немного неопытны и незрелы, те, кто старше 40, уже теряют энергию. К 33-м годам человек созрел и красив во всех аспектах. Большинство вступили в брак, воспитывают детей и понимают сердце Бога, который занимается воспитанием человека на этой земле. Таким образом Бог изменит вас в небесное тело, и вы навсегда сохраните свою молодость в самом красивом возрасте, 33-х лет.

Не будет биологического родства

Было бы смешно, если бы на Небесах, в вечности, мы оказались в той же физической форме, в какой ушли из этого мира. Допустим, человек умер в возрасте 40 лет и отправился на Небеса. Его сын пошел на Небеса в 50 лет, а его внук умер в 90 лет и тоже попал на Небеса. Когда они встретятся на Небесах, внук будет старше дедушки. Следовательно, на Небесах, где правит праведный и любящий Бог, всем будет по 33 года, а биологического или физического родства, как на земле, не будет. Никто не будет никого называть мамой, папой, сыном или дочерью, хотя на земле они были родителями и детьми. Потому что все будут братьями и сестрами и детьми Божьими. Но, поскольку они знают, что на земле они были любящими родителями и детьми, они смогут еще крепче любить друг друга. А если мать попадет во Второе Небесное Царство, а ее сын – в Новый Иерусалим? На земле сын, безусловно, служил матери, а на Небесах мать поклонится ему, потому что он больше уподобился Богу Отцу, и свет, исходящий от его небесного тела, будет ярче, чем ее свет.

Следовательно, вы не будете никого называть теми именами и титулами, к которым привыкли на земле. Бог Отец даст каждому новое имя с духовным значением. Еще на земле Бог сменил имя Аврам на Авраам, имя его жены Сары на Сарру, назвал Иакова Израилем, потому что он боролся с самим Богом.

Различие между мужчинами и женщинами на Небесах

На Небесах не будет брака, но будет четкое различие между мужчинами и женщинами. Средний рост мужчин составляет сто семьдесят сантиметров, а женщины -приблизительно на десять сантиметров ниже. Некоторые не довольны своим слишком высоким, либо слишком малым ростом. На Небесах нам не нужно будет беспокоиться об этом. Нас не будет беспокоить вес, потому что все будут стройными и красивыми.

Небесное тело не будет иметь веса, но будет устойчивым, иметь форму и облик. Волосы будут светлыми и слегка вьющимися. У мужчин они будут доходить до шеи, а у женщин будут разной длины. Длинные волосы у женщины означают, что она получила высокую награду на Небесах, и самые длинные волосы будут доходить до пояса. Великой славы и чести удостаивается женщина, имеющая длинные волосы (1-ое Кор. 11:15).

На земле большинство женщин мечтает иметь белую и нежную кожу. Они применяют косметические средства, чтобы отбелить кожу и убрать все морщинки. На Небесах кожа у всех будет чистой, белой, сияющей светом славы. В косметике не будет необходимости, потому что там не будет зла и все люди будут красивы. Свет славы, отражающийся от небесного тела, будет сиять белее, чище и ярче в зависимости от того, насколько освящен будет человек и насколько его сердце уподобится сердцу Господа.

Сердце небесного человека

Сердце небесного человека – это дух божественной природы, не имеющий в себе зла. Так же, как людям хочется прикоснуться к чему-то очень хорошему и красивому на этой земле, сердца небесных людей будут тянуться к красоте других. Но на Небесах не будет зависти. Люди изменчивы на земле, они устают от каких-либо вещей, даже от красивых и приятных вещей. Сердце человека с небесным телом будет бесхитростным и неизменным. Например, люди, бедные на этой земле, довольствуются простой и дешевой пищей. Чуть разбогатев, они уже не удовлетворяются тем, что ели раньше, и стараются приобретать дорогие продукты питания. Если вы купили ребенку игрушку, он радуется и играет с ней, но через несколько дней он теряет интерес к игрушке и желает новую. На Небесах люди будут мыслить по-другому. Если человеку что-то будет нравиться, то это - навечно.

Одежда на Небесах

Кто-то думает, что одежда на Небесах будет у всех одинаковой, но это не так. Бог – Творец и Справедливый Судья, возвращающий в соответствии с тем, что вы сделали. Следовательно, как и награды на Небесах, одежду тоже все получат свою, по делам (Откр. 22:12). Какая у вас будет одежда на Небесах, чем она будет украшена?

Небесная одежда различного цвета и покроя

На Небесах у всех будет яркая, белая и сияющая одежда.

Она будет мягкой, легкой и струящейся, как прекрасный шелк. Поскольку мы все будем освящены в разной степени, свет, отражающийся от одежды, будет различным. Чем более уподоблены сердцу Бога вы будете, тем ярче будет сиять ваша одежда. Спасенные будут получать одежду в соответствии с тем, как они трудились здесь, на земле, для Царства Божьего, как прославляли Бога. На земле люди носят разную одежду, и зачастую по одежде мы определяем принадлежность человека к тому или иному социальному классу или его финансовое положение. На Небесах тоже вам будет дана более красочная и нарядная одежда, если ваше положение на Небесах выше. Прически и украшения тоже будут различаться.

В старые времена люди узнавали принадлежность к определенному социальному классу по цвету одежды. Небесные люди тоже будут узнавать положение и небесную награду друг друга по одежде. Одежда особого цвета и кроя будет дана тому, кто получил наивысшую славу. Следовательно, вошедшие в Новый Иерусалим, послужившие Царству Божьему особым образом, получат самую красивую, яркую и сияющую одежду. Тот, кто не много сделал для Царства Божьего, получит не много одежды. Если вы проявили верность и любовь в служении, ваша одежда будет яркой, разнообразной, и ее будет очень много.

Небесные одежды с различными знаками отличия

Бог даст одежды с различными знаками отличия, чтобы показать славу каждого человека. Как в прошлом члены королевских семей показывали занимаемое положение тем, что носили определенные отличительные знаки на своей одежде, так и в Небесном Царстве слава и небесное положение каждого отметятся особо. Есть ордена и знаки благодарности, хвалы, молитвы, радости, которые будут пришиты к небесной одежде. Когда на земле вы поете хвалу Богу с благодарным сердцем за Его любовь и благодать, когда вы поете, чтобы прославить Бога, Он принимает ваше сердце как благоухание и добавляет к вашим небесным одеждам такой орден.

Ордена радости и благодарности будут даны людям, которые выражали искреннюю радость и благодарность всем сердцем, всегда помня о благодати Бога Отца, давшего им вечную жизнь и Царство Небесное, когда они были в скорбях и испытаниях на земле.

Следующий отличительный знак молитвенника будет дан тем, кто посвятил жизнь молитве о Божьем Царстве. Самым красивым знаком будет орден славы. Его труднее всего заслужить. Этот орден дается только тем, кто трудился для славы Божьей истинным сердцем. Как президент страны вручает наивысший орден страны солдату за его отличную службу, так и этот орден небесной славы дается тем, кто много потрудился для Царства Божьего и его славы. Награжденный орденом славы будет самым выдающимся в Царстве Небесном.

Награды венцами и драгоценностями

На Небесах много драгоценностей. Драгоценности будут даваться в виде награды и прикрепляться к одежде. В книге Откровений вы читаете, что голова Господа увенчана золотой короной, а на груди – лента. Эти награды дал Ему Бог. В Библии говорится о разных венцах. Они даются в качестве наград, поэтому отличаются.

Венцами вознаграждаются за добрые дела на земле. Например, нетленный венец получат победившие на ристалище (1-ое Кор. 9:25); венец славы дадут тем, кто славил Бога (1-ое Петра 5:4); венец жизни – тем, кто проявил верность, не побоявшись смерти (Иак. 1:12, Откр. 2:10); золотые венцы даны 24 старцам, сидящим вокруг Божьего Престола (Откр. 4:4, 14:14); венец праведности, о котором мечтал апостол Павел (2-ое Тим. 4:8).

Венцы будут различаться по форме и по тому, какими драгоценностями они украшены. Будут венцы, украшенные золотом, цветами, жемчугом. По венцу вы сможете определить святость и награду человека. В этом мире любой может купить драгоценности, если имеет деньги, но на Небесах драгоценности даются как награда. Ваши награды будут определятся тем, скольких людей вы привели к спасению, сколько средств вы пожертвовали церкви от всего сердца, верно ли служили. Драгоценности и венцы будут разные - по делам, которые вы совершили. Яркость, красота и количество драгоценностей тоже будут неодинаковыми.

Обители и дома в Небесном Царстве тоже будут разными. Обители даются по вере. Размер, красота, яркость золота и драгоценности отделки домов будут разными. Подробнее об этом я расскажу в 6-й главе.

Пища на Небесах

В Эдемском саду Адам и Ева ели только плоды с деревьев и травы, сеющие семя (Быт. 1:29). После грехопадения, оказавшись на земле, они ели растительную пищу. После

Потопа людям было позволено есть мясо. Зло все больше входило в человека, соответственно, изменялась и его пища.

Что мы будем есть на Небесах, где нет зла? Некоторые, возможно, удивятся тому, что небесное тело тоже требует пищи. На Небесах вы сможете пить воду жизни, есть разнообразные плоды или вдыхать их аромат. Это будет давать вам огромную радость.

Небесное тело вдыхает запахи

Небесному телу не надо будет вообще дышать, но во время дыхания тело может отдыхать. Поэтому оно дышит не только носом и ртом, но и глазами, всеми клетками тела и даже сердцем. Бог тоже вдыхает запахи. Он есть Дух. Богу было приятно, когда праведники приносили ему жертвы, Он вдыхал благоухание жертв - в Ветхом Завете (Быт. 8:21). В Новом Завете Иисус, чистый и непорочный, принес Себя в жертву Богу в благоухание приятное (Еф. 5:2).

Бог принимает благоухание вашего сердца, когда вы поклоняетесь Ему, молитесь, поете псалмы с искренним сердцем. Чем больше вы уподобляетесь Господу и становитесь праведником, тем благоуханнее вы для Бога, и Он принимает вашу жертву. Бог принимает вашу хвалу и молитвы, вдыхая ваше благоухание Христа.

В Евангелии от Матфея 26:29 мы читаем, что Господь молится за вас с часа Своего вознесения на Небеса, не вкушая пищи последние две тысячи лет. На Небесах тело может обойтись без пищи и питья. Вы будете жить вечно на Небесах потому, что измениетесь в духовное нетленное тело. Когда ваше небесное тело будет вдыхать, оно почувствует еще больше радости и счастья, а дух обновится. Люди на земле подбирают диету для сохранения здоровья, а небесные тела с наслаждением вдыхают ароматы различных плодов и цветов. Небесные благоухания будут всегда приносить счастье и удовлетворение. Когда небесное тело вдыхает аромат цветов и фруктов, этот аромат впитывается в тела как благовония. Тело начинает источать этот аромат. Так же, как на земле у вас улучшается настроение от запаха хороших духов, на Небесах небесное тело начинает чувствовать себя счастливее, вдыхая прекрасные ароматы.

В Библии мы читаем, что Господь являлся Своим ученикам после Воскресения несколько раз. Он дунул (Ин. 20:22) и ел с ними трапезу (Ин. 21:12-15). Иисус принимал с ними пищу не для того, чтобы утолить голод, Он хотел разделить с ними радость и дать вам понять, что на Небесах вы тоже будете принимать пищу. По этой причине в Библии записано, что Христос Иисус принимал пищу в виде хлеба и рыбы после Своего Воскресения. Зачем в Библии говорится, что Иисус выдохнул? На Небесах пища распадается и покидает тело через дыхание.

Транспорт на Небесах

С развитием науки и техники человечество постоянно изобретает все более скоростные и комфортабельные средства передвижения: кареты, повозки, автомобили, корабли, поезда, самолеты. На Небесах тоже будет много различного транспорта. Там будет и общественный транспорт – небесные поезда, и личный транспорт – автомобили из облаков и золотые фургоны. Небесные тела смогут очень быстро передвигаться, смогут даже летать сквозь время и пространство, но гораздо приятнее будет использовать транспорт, подаренный вам в качестве награды.

Путешествия и транспорт на Небесах

Как счастливы и довольны вы будете, когда вам будет предоставлена возможность путешествовать по Небесам и видеть прекрасные и дивные вещи, созданные Богом! Каждый уголок Небес уникально красив, вам понравится там все. Поскольку сердце небесного тела неизменно, то вам не будет там скучно, вам не надоест посещать одни и те же места. Путешествие по Небесам всегда будет для вас привлекательным и интересным.

Небесному телу не нужен транспорт, потому что оно не будет уставать и может летать. Однако использование различного транспорта дает ощущение большего комфорта. У нас на земле ехать на автобусе удобнее, чем идти пешком, а ехать в такси или вести свою машину удобнее, чем передвигаться в автобусе или метро. Небесный поезд, украшенный различными драгоценностями, может ехать без рельсов, он легко двигается вправо, влево, вверх или вниз. Когда людям понадобится приехать из Рая в Новый Иерусалим, они сядут в поезд, потому что эти два места находятся друг от друга на очень далеком расстоянии. Из окон такого, почти летящего, поезда глазам пассажиров будут открываться прекрасные виды. А мысль о том, что они увидят Бога Отца делает их еще счастливее.

На Небесах есть золотой автомобиль для особого человека, находящегося в Новом Иерусалиме, на котором он сможет объезжать Небеса. Автомобиль украшен белыми крыльями, а внутри него есть кнопка, позволяющая двигаться автоматически. По желанию владельца он сможет даже летать.

Автомобиль из облака

Облака на Небесах исполняют роль украшений, чтобы все вокруг выглядело еще красивее. Когда человек двигается, окружающие его облака добавляют ему блеска, и все видят и чувствуют особое достоинство, славу и власть такого духовного тела.

Библия говорит, что Господь придет на облаке (1-ое Фес. 4:16-17), потому что приход на облаке славы величественен. Облака существуют на Небесах, чтобы усиливать славу детей Божьих. Если вы удостоитесь Нового Иерусалима, у вас там будет чудесный автомобиль из облака. Не из тех облаков, которые формируются над поверхностью земли, а из небесного облака. Такой автомобиль демонстрирует славу, достоинство и власть своего владельца. Не все получат его, потому что в Новый Иерусалим войдут только полностью освященные, верные всему Божьему дому люди. Они будут в этом автомобиле вместе с Господом. Небесное воинство и ангелы будут сопровождать их и служить им, как служат царю или принцу в поездке. Сопровождающее небесное воинство и ангелы показывают власть и славу владельца автомобиля. Водителем в этом автомобиле будет ангел. Когда человек в Новом Иерусалиме играет в гольф и двигается по полю, этот автомобиль следует за ним. Когда он садится в машину, она моментально подъезжает к улетевшему мячику.

Представьте себе, что вы в Новом Иерусалиме летаете по небу в автомобиле из облака, вас сопровождают ангелы. Представьте, что вы путешествуете вместе с Господом, или едете в небесном поезде со своими любимыми. Вас будет переполнять огромная радость.

Развлечение на Небесах

Некоторым покажется, что жизнь небесного тела не очень интересна, но это не так. Это в физическом мире вы устаете от развлечений; в духовном мире «развлечение» приносит новизну и отдых. Даже в этом мире, чем более вы достигаете духа, тем глубже вы чувствуете любовь, тем счастливее вы становитесь. На Небесах вы насладитесь не только своим любимым делом, у вас будет много игр и развлечений. Все, что вам будет дано там, будет приносить несравнимое с этим миром удовольствие.

Увлечения и игры

Как на земле люди развивают свои таланты и делают жизнь интереснее за счет любимых увлечений, так и на Небесах вам тоже представится такая возможность. Вы сможете заняться не только тем, что любили делать здесь, но и тем, что вам не было доступно на земле, потому что вы были очень заняты служением Богу. Вы сможете также научиться новому. Те, кто любят играть на музыкальных инструментах, смогут прославлять Бога игрой на арфе. Вы сможете научиться игре на фортепьяно, флейте и многих других инструментах. Учиться вы будете легко и быстро, потому что на Небесах вы станете гораздо мудрее. Вы сможете получать радость от беседы с природой и небесными животными. И растения, и животные признают детей Божьих, будут их приветствовать и выражать им любовь и уважение.

Вы будете заниматься спортом и играть в спортивные игры: теннис, баскетбол, боулинг, гольф, заниматься дельтапланеризмом. Борьбы и бокса, наносящих вред телу, там не будет. Спортивные площадки и спортивные снаряды будут безопасными. Они сделаны из чудесных материалов и украшены золотом и драгоценностями, чтобы вы получили еще больше наслаждения во время занятий спортом. Спортивные снаряды будут угадывать желания людей и доставлять еще больше радости. Например, вам нравится боулинг. Шар и кегли будут менять свой цвет и сами устанавливаться на таком месте и расстоянии, что вы будете просто счастливы от такой игры. Если вам захочется проиграть своему партнеру, кегли угадают ваше желание. На Небесах нет места злу, которое вселяет желание обязательно победить кого-нибудь. Выигрыш на Небесах – это доставить радость и удовольствие другим. Кто-то поставит под вопрос сам смысл игры без победителя и проигравшего. Но на Небесах удовольствие получают не от выигрыша, а от самой игры. Конечно, есть игры, приятность которых состоит именно в честном соревновании. Например, есть игра, в которой надо будет соревноваться в том, кто больше вдохнет аромата цветов, кто лучше сумеет смешать эти ароматы и получить новый.

Развлечения

Кто-то спросит, будут ли на Небесах игровые автоматы. Игры там будут гораздо интереснее и увлекательнее, чем здесь, на земле. Игры на Небесах, в отличие от земных игр, никогда не утомят вас или ваше зрение. Напротив, они дают вам отдых и восстанавливают ваши силы. Когда вы выигрываете или добиваетесь наилучшего результата, вы чувствуете счастье и никогда не теряете интереса к игре. Люди на Небесах будут в небесных телах, они не будут бояться упасть с качелей в парке аттракционов. Они будут чувствовать глубокое волнение и удовольствие. Даже те, кто здесь, на земле, боялся высоты, там будут безбоязненно кататься на «американских горках». А если кто и упадет, то не поранится, потому что он в небесном теле. Вы сумеете приземлиться, как это делают чемпионы «боевых искусств», или ангелы подхватят вас.

Поклонение, образование, культура на Небесах

На Небесах не надо будет работать, чтобы заработать на питание, одежду и дом. Многих интересует, чем мы будем заняты всю вечность. Не надо об этом беспокоиться. Там будет много всего, чем вы счастливо займетесь. Интересные мероприятия и события, игры, образовательные программы, богослужения, праздники, фестивали, путешествия, спорт. Участие в этом не будет обязательным и принудительным. Вы будете делать только то, что пожелаете, и будете счастливы.

Радостное поклонение Богу Творцу

Как на земле вы посещаете собрания и поклоняетесь Богу в определенные дни, так и на Небесах для богослужений будет выделено время. Проповедовать будет Сам Бог, и от

Него вы будете узнавать о Боге, о духовном царстве, которые не имеют ни начала, ни конца. Те, кто хорошо учатся, с нетерпением ждут встречи с учителем. Верующие, живущие по духу и истине, всегда с радостью ждут богослужений, молитвенных собраний, чтобы услышать голос пастыря, проповедующего слово жизни.

Когда вы придете на Небеса, вы возрадуетесь, поклоняясь Богу, и будете всегда жаждать услышать Его Слово. Вы услышите Слово Божье на собраниях, у вас будет возможность разговаривать с Богом или слушать Слово Господа. Там будет время для молитв. Но вы уже не будете закрывать глаза и становиться на колени, как вы это делаете на земле. Это будет время разговора с Богом. Молитвы на Небесах - это разговор с Богом Отцом, Господом и Святым Духом. Какое благословенное и счастливое наступит время!

Вы сможете воздавать хвалу Богу так же, как вы это делаете здесь. Хвала ваша будет выражаться не на земных языках - вы воспоете Богу новую песню. Прошедшие испытания на земле соберутся вместе со своим пастырем, поклонятся и разделят общение. Как люди будет поклоняться вместе, если их обители разбросаны в разных местах Небес? На каждом районе Небес небесные тела излучают разный свет, поэтому они берут специальную одежду, чтобы посетить район более высокого уровня. Чтобы придти на богослужение в Новом Иерусалиме, который освещен светом славы, все должны получить соответствующую одежду.

Сейчас вы можете придти в церковь или участвовать в богослужении, посмотрев передачу через спутник. На Небесах будет точно так. Вы сможете наблюдать службу, проходящую в Новом Иерусалиме, находясь в любом районе Небес. Но экран там будет таким естественным, что вы почувствуете, что находитесь в самом центре событий. Вы сможете пригласить на поклонение отцов веры, например, Моисея и апостола Павла. Однако для того чтобы пригласить таких значительных людей, у вас должен быть соответствующий духовный авторитет.

Вы узнаете духовные тайны

Дети Божьи научились многим духовным истинам на земле, но то, что они узнали здесь, было всего лишь ступенькой для того, чтобы войти в Небеса. Взойдя на Небеса, они начинают изучать новый мир. Например, когда умирают верующие в Иисуса Христа, они останавливаются в районе, граничащем с Раем, и там ангелы преподают им урок небесного этикета и правил. Так же, как на земле необходимо учиться, чтобы адаптироваться в обществе людей, и о жизни в духовном мире нужно получить подробное руководство, чтобы знать, как себя вести. Кто-то спросит, зачем учиться на Небесах, ведь на земле мы уже многому научились. Учеба на земле является духовной подготовкой к той настоящей учебе, которая начнется только после того, как мы придем на Небеса. Нет конца познанию нового, так как Божье Царство безгранично и бесконечно. Неважно сколько вы уже узнали, вы можете узнавать о Боге всю вечность, потому что Он не имеет начала. Нам никогда не постигнуть до конца Сущего, управляющего вселенной, Вечного Бога.

Вы понимаете, что существует многое, что вы можете познать, если вы войдете в безграничное духовное царство. Духовное познание очень интересно, увлекательно и совсем не похоже на учебу здесь, в мире. Вас никто не будет заставлять учиться насильно. Экзаменов там не будет. Вы никогда не забудете того, что узнаете, и никогда не устанете от учебы. Вам никогда не будет скучно на Небесах. Вы просто будете счастливы узнавать новые духовные истины.

Праздники, пиры, представления

На Небесах будет много праздников. Эти праздники станут вершинами всех небесных удовольствий. Именно там вы почувствуете прелесть и радость, наблюдая богатство, свободу, красоту и славу Небес. Как на земле люди стараются одеться понаряднее, когда идут на важный прием, где угощают лучшими напитками и кушаньями, так и на Небесах на праздники люди будут облачаться в самые красивые одежды. На праздниках будут много танцевать, будут звучать музыка, песни и счастливый смех. Там будут замечательные концертные залы, подобные Карнеги Холлу в Нью-Йорке или Оперному театру в Сиднее. Представления на Небесах проводятся не для хвастовства, а для прославления Бога, на радость Господу и всем остальным.

Участники представлений славят Бога хвалой, танцами, игрой на музыкальных инструментах. Здесь, на земле, они тоже воздавали хвалу. Иногда они будут исполнять те же музыкальные номера, что и на земле. Исполнителями могут стать те, кто очень хотел этого на земле, но, в силу обстоятельств, не мог себе этого позволить. Теперь они прославляют Бога новыми песнями и танцами. Там будут кинотеатры. В Первом и Втором Небесном Царстве кинотеатры будут общественными. В Третьем Царстве и в Новом Иерусалиме каждый житель будет иметь домашний кинотеатр. Они смогут наслаждаться просмотром фильмов индивидуально или приглашать дорогих гостей.

Библия говорит нам, что апостол Павел побывал на Третьих Небесах, но не мог об этом говорить (2-ое Кор. 12:4). Очень сложно объяснять людям Небеса, потому что это неизвестно миру, и люди не могут понять правильно. Скорее всего, они поймут все неверно.

Небеса принадлежат духовной сфере. Многое там невозможно ни понять, ни представить. Там полнота счастья и радости, которые вы никогда не ощущали на земле. Бог подготовил прекрасные Небеса для вашей жизни там, Он просит вас достичь необходимых качеств и обрести их через Библию.

Я молюсь именем Господа, чтобы вы приняли Господа с радостью и подготовились к Его возвращению как прекрасная невеста.

Глава 6

Рай

И сказал ему Иисус: истинно говорю
тебе, ныне же будешь со Мною в раю.
- Евангелие от Луки 23:43

Все, кто веруют в Иисуса Христа как своего личного Спасителя, чьи имена записаны в книге жизни, обретут вечную жизнь в Небесах. Я уже рассказал, что есть ступени роста веры, есть обители, венцы и награды на Небесах, зависящие от меры веры каждого.

Те, чье сердце более уподобилось сердцу Господа, будут в вечности находиться ближе к Престолу Бога. Чем дальше они будут от Престола, тем менее их сердца преобразовались. Рай – самое удаленное место от Престола Бога, самый низкий уровень Небес. Однако Рай несравнимо прекраснее этой земли, он красивее Эдемского сада. Что такое Рай, какие люди будут его населять?

Красота и счастье Рая

Район, граничащий с Раем, используется как Место Ожидания до Суда Белого Престола (Откр. 20:11-12).

Кроме тех, кто сразу попал в Новый Иерусалим, потому что достиг сердца Бога и помогал Богу в Его делах, все остальные спасенные с самого начала ожидают в районах, граничащих с Раем.

Вы понимаете, что Рай настолько велик, что его районы по краям используются как Место Ожидания для очень многих людей. Рай, являющийся самым низким уровнем Небес, тем не менее несравненно красивее и счастливее нашей земли, которая несет на себе проклятия Бога. В Рай войдут дети Божьи, которых Он воспитывал на земле, поэтому счастья и радости там больше, чем в Эдемском саду, где жил первый человек Адам. Давайте ближе рассмотрим красоту и счастье Рая, который был показан мне Богом.

Широкие равнины, наполненные животными и растениями

Рай подобен широкой равнине с прекрасно организованными лужайками и удивительными садами. Многочисленные ангелы поддерживают здесь порядок и ухаживают за растениями. Разносится ясное птичье пение, эхом отдаваясь по всему Раю. Птицы очень похожи на земных, но немного крупнее и оперение ярче. Они собираются в стайки и поют.

Деревья и цветы в садах свежи и прелестны. На земле деревья и цветы со временем увядают, но в Раю деревья всегда зелены, а цветы никогда не отцветают. Когда люди к ним приближаются, они улыбаются и отдают свои ароматы. Деревья обильно плодоносят. Плоды там больше, чем на земле. Кожица у них всегда блестящая, и они гораздо вкуснее. Их не надо мыть или очищать, потому что там нет пыли и червяков. Представьте прекрасную картину: люди сидят на цветочной лужайке и разговаривают, рядом с ними – корзины с деликатесными и аппетитными фруктами и плодами!

На широкой равнине водится много животных. Львы мирно пасутся на траве. Они гораздо больше земных львов, но совсем не агрессивные. Они очень милые, потому что по характеру они смирные, а шерсть у них чистая и шелковистая.

Тихо течет вода Реки Жизни

Река воды жизни протекает через все Небеса, от Нового Иерусалима до Рая, она никогда не пересыхает, не загрязняется. Вода этой реки берет начало от Престола Бога и дает силу всему, являясь сердцем Бога. Оно чистое, прекрасное, беспорочное, невинное и сияющее светом, в нем нет тьмы. Сердце Бога совершенно и абсолютно. Тихо текущая река воды жизни подобна поверхности моря в спокойный солнечный день, отражающая солнечный свет. Она такая чистая и прозрачная, что не может сравниться ни с одним земным водоемом. Издалека она кажется голубой, как воды Средиземного моря или Атлантического океана.

По обоим берегам реки воды жизни располагаются красивые скамейки. Вокруг скамеек растут деревья жизни, приносящие плоды каждый месяц. Плоды дерева жизни крупнее плодов на этой земле, их запах и вкус нельзя описать словами. Их мякоть тает во рту, как «сахарная вата».

В Раю нет личной собственности

Длина волос у мужчин на Небесах доходит до шеи. Длина волос женщин отражает их награду. Самые длинные волосы у женщин могут достигать пояса. В Раю люди не получат наград, поэтому волосы женщин немного длиннее, чем у мужчин.

Они носят белую цельнокроенную одежду без украшений, вроде броши или венца, или заколок для волос. Они ничего не сделали для Царства Божьего, когда они жили на земле. Поскольку все, обитающие в Раю, не имеют наград, там нет личных домов, венцов, знаков отличия или личных ангелов. Там достаточно места только для живущих в Раю. Они живут в этом месте и служат друг другу. Это похоже на Эдемский сад, в котором нет личных домов для всех обитателей, но между этими двумя местами есть значительное различие. Люди в Раю смогут называть Бога «Авва Отче», потому что они приняли Иисуса Христа и получили Святой Дух. Счастье Рая несравнимо полнее, чем то счастье, которое давал Эдемский сад.

Ваше рождение в этот мир, ваш жизненный опыт, обретение вами веры и становление как детей Божьих – это драгоценное благословение.

Рай, исполненный счастьем и радостью

Даже в Раю жизнь полна счастья, радости и истины, потому что там нет зла и каждый ищет сначала, как угодить другому. Никто никого не обижает и служит друг другу с любовью. Как прекрасна такая жизнь! Там не надо заботиться где жить, во что одеваться, что есть. Там не будет слез, печали, болезней, боли и смерти. Все это называется счастьем!

> *«И отрет Бог всякую слезу с очей их, и смерти не будет уже; ни плача, ни вопля, ни болезни уже не будет, ибо прежнее прошло» (Откровение 21:4).*

Вы также увидите, что как среди ангелов есть старшие, так и среди людей в Раю будет соблюдаться определенная иерархия. Дела веры каждого различны, и поэтому те, чья вера относительно большая, будут назначены ответственными за место и за группу людей. У этих людей будет одежда другого цвета и старшинство во всем. Это не акт несправедливости, а исполнение Божьей неизменной справедливости воздаяния каждому по его делам. На Небесах нет места ревности, зависти или ненависти. Люди не обижаются, если другому предоставляется лучшее, а только радуются. Вам следует понять, что Рай несравненно более красивое и счастливое место, чем наша земля.

Кто попадет в Рай?

Рай – чудесное место, созданное любовью и милостью Бога. Оно для тех, кто еще не отвечает всем характеристикам истинных детей Божьих, но уже знает Бога, уверовал в Иисуса Христа, поэтому не попадет в ад. Кто попадет в Рай?

Покаявшиеся перед самой смертью

Рай, прежде всего, место для тех, кто покаялся и принял

Иисуса Христа перед смертью. Они получили спасение подобно тому, как это сделал разбойник, висевший на кресте по одну сторону от Иисуса. В Евангелии от Луки в главе 23-й рассказывается, что по обе стороны от Иисуса были распяты два разбойника. Один из них оскорблял Иисуса, насмехался над Ним, но второй укорил его, покаялся и принял Иисуса Христа своим Спасителем. Иисус сказал покаявшемуся разбойнику, что тот спасен. «И сказал ему Иисус: истинно говорю тебе, ныне же будешь со Мною в раю». Разбойник успел принять Спасителя перед смертью. Он не искоренил своих грехов, не жил по Слову Божьему. Поскольку он принял Господа перед самой смертью, у него не было времени изучать и исполнять Слово Божье.

Вы должны понять, что Рай предназначен для тех, кто принял Иисуса Христа, но ничего не сделал для Царства Божьего, как тот разбойник, о котором повествуется в 23-й главе Евангелия от Луки. Если вы думаете, что сможете принять Господа перед смертью и тоже окажетесь в Раю, то вы ошибаетесь. Бог позволил одному разбойнику спастись, потому что Он знал, что у того было доброе сердце. Если бы он оставался в живых, то он любил бы Бога и никогда не оставил бы Господа. Однако не каждый сумеет принять Господа перед смертью, вера не дается в одно мгновение. Следовательно, вам следует понять, что это редкий случай спасения, когда разбойник, висевший по одну сторону от Иисуса, получил спасение прямо перед смертью. Люди, получающие «позорное» спасение, имеют еще много зла в сердце даже после спасения, потому что они жили, нарушая заповеди и не исполняя Слово Божье. Они будут вечно благодарны Богу за то, что оказались в Раю и смогли наслаждаться вечной жизнью, приняв Иисуса Христа как своего Спасителя, хотя они никак не проявили своей веры на земле.

Рай очень отличается от Нового Иерусалима, где находится Божий Престол, но они, получив такое спасение, рады и счастливы даже этим.

Недостаток духовного роста

Принявшие Иисуса Христа, но не имевшие роста веры, получат позорное спасение и пойдут всего лишь в Рай. Не только новообращенные, но и те, кто долгие годы считал себя христианином, попадут только в Рай, если их вера будет оставаться на первом уровне.

Однажды Бог позволил мне услышать исповедь человека, находящегося в данный момент в Месте Ожидания на Небесах на границе Рая. Он родился в семье, не знавшей Бога и поклонявшейся идолам. Позже он решил стать христианином, но не имея истинной веры, продолжал грешить и ослеп на один глаз. Он осознал, что такое истинная вера, прочитав мою книгу *Откровения о вечной жизни в преддверии смерти*. Он стал членом нашей церкви и вскоре отошел на Небеса. Я слышал его радостную исповедь о своем спасении, потому что он попал в Рай, перенеся многие страдания, боль и болезни здесь, на земле.

«Я свободен, счастлив, что оказался здесь, совлекши свою плоть. Не понимаю, зачем я так долго держался за плотское. Оказавшись здесь, я понял, что все было ненужным и бессмысленным. На земле я радовался, благодарил, огорчался и впадал в безнадежность. Здесь, когда я смотрю в свое прошлое глазами успокоенного и счастливого человека, я вспоминаю, как цеплялся за тщету этого мира и вел бессмысленную жизнь. Моя душа сейчас имеет все, место моего спасения приносит мне радость. Мне здесь очень хорошо, я пришел в это дивное место после изнуряющей жизни на земле. Я и не догадывался, какой наступает покой, когда оставляешь свою плоть. Какое счастье, какая радость, что я здесь. Ушли все мои скорби, слепота, невозможность ходить и двигаться. Сейчас я доволен и благодарен, что обрел вечную жизнь и пришел в это место. Я всего лишь в Раю, это не Первые, Вторые, Третьи Небеса или Новый Иерусалим. Я очень благодарен за то, что я в Раю.

Моя душа довольна.
Моя душа хвалит Бога.
Моя душа счастлива.
Моя душа благодарна.

С радостью благодарю Бога за то, что закончилась моя несчастная жизнь и сейчас я наслаждаюсь покоем».

Оставившие веру в испытаниях

Есть верующие, которые постепенно стали «теплыми» в вере по нескольким причинам. В моей церкви был пресвитер, прослуживший много лет. Всем казалось, что он имел крепкую веру. Но однажды он так серьезно заболел, что даже не мог разговаривать. Он пришел ко мне за молитвой. Вместо того чтобы молиться об исцелении, я молился о его спасении. В тот момент его душа страдала от страха, потому что он видел как боролись ангелы, старавшиеся забрать его на Небеса, и злые духи, посланцы ада. Если бы у него была спасительная вера, злые духи не пришли бы за ним.

Немедленно я начал молиться, чтобы прогнать нечистых духов и просить Бога принять этого человека. Сразу после молитвы он обрел покой и заплакал. Он покаялся перед самой смертью, едва получив спасение.

Может быть, вы получили Святого Духа, может быть, вас назначили на служение дьяконом или пресвитером, но вы все еще живете в грехах. Помните, что перед Богом стыдно грешить. Если вы не оставите «теплую» духовную жизнь, Святой Дух постепенно покинет вас, и вы потеряете спасение.

«Знаю твои дела; ты ни холоден, ни горяч; о, если бы ты был холоден, или горяч! Но, как ты тепл, а не горяч и не холоден, то извергну тебя из уст Моих» (Откровение 3:15-16).

Вы должны понять, что оказаться в Раю значит получить это «позорное» спасение. Надо стремиться к тому, чтобы вера ваша была более зрелой.

Получив мою молитву в прошлом, исцелился и этот человек, и его жена, находившаяся на пороге смерти. Слушая слова жизни, его семья, ранее имевшая много проблем, стала счастливой семьей. С того времени он духовно вырос, стал верным работником Божьим, верно исполнял все свои обязанности. Однако, когда церковь столкнулась с испытаниями, он не постарался защитить церковь, а позволил сатане управлять своими мыслями. Слова, которые выходили из его уст, выстроили огромную стену греха между ним и Богом. Божья защита оставила его, и он серьезно заболел.

Являясь работником Бога, ему не следовало слушать все,

что говорилось в то время против истины и Божьей воли. Но он не только слушал, но и сам распространял клевету. Бог был вынужден отвернуться от него, потому что человек пренебрег великой Божьей благодатью, сошедшей на него, когда он исцелился от серьезной болезни.

Его награды превратились в пыль, он ослабел для молитвы, потерял уверенность в спасении. К счастью, Бог помнил его прошлое служение церкви. Он дал ему благодать покаяния, и этот человек смог обрести «позорное» спасение.

Исполненные благодарности за спасение

Какова будет исповедь человека, обретшего спасение и оказавшегося в Раю? Он был спасен на перекрестке Небес и ада, и я знаю, что он испытывает истинный мир. «Я спасен. Хоть я достиг всего лишь Рая, я счастлив, потому что освободился от всех страхов и невзгод. Мой дух был на пути во тьму, но теперь он здесь, в прекрасном и покойном свете». Как велика его радость после освобождения от страха ада! Бог позволил мне услышать покаяние человека, служившего пресвитером и спасшегося таким позорным образом, находящегося в то время в Верхней Могиле перед тем, как он попадет в Место Ожидания на Небесах. Он покаялся в своих грехах и поблагодарил меня за молитву. Он также дал клятву Богу молиться о нашей церкви и обо мне, доколе не встретится с Богом на Небесах.

С самого начала развития человечества на этой земле, людей, отвечающих требованиям Рая, всегда было больше, чем тех, кто может попасть в другие места на Небесах. Едва спасшиеся и попавшие в Рай очень благодарны и счастливы, потому что они не попали в ад за то, что не смогли вести правильный христианский образ жизни на земле. Однако благословения и счастье Рая не может сравниться с тем, что ожидает верующих в Новом Иерусалиме. Рай также отличается от следующего уровня – Первого Небесного Царства. Вы должны понять, что Богу важно не количество пройденных в вере лет, а ваше отношение к Богу, исполнение вами Его воли.

Сегодня многие живут по греховной природе, хотя и утверждают, что исполнились Святым Духом. Такие люди получат всего лишь «позорное» спасение и попадут в Рай. Хотя есть опасность, что они духовно умрут, то есть окажутся в аду, потому что Дух Святой покинет их.

Некоторые верующие, невзирая на то, что давно являются христианами, проявляют высокомерие и не желают слушать и изучать Слово Божье, они осуждают других верующих. Сколько бы они не проявляли внешнего энтузиазма и верности по отношению к служителям Бога, пользы от этого не будет, если они не видят зла в своем сердце и не отбрасывают своих грехов.

Я молюсь именем Господа, чтобы вы, дети Божьи, получившие Святого Духа, отбросили свои грехи и всякого рода зло, и старались всегда исполнять Слово Божье.

Глава 7

Первое Небесное Царство

Все подвижники воздерживаются от всего:
те для получения венца тленного, а мы -- нетленного.
- Первое послание Коринфянам 9:25

Рай предназначен для тех, кто принял Иисуса Христа, но верой ничего не совершил. Это место гораздо красивее земли. Насколько же прекраснее будет Первое Небесное Царство, приготовленное для тех, кто исполнял Слово Божье? Оно располагается ближе к Престолу Бога, чем Рай. Но на Небесах есть и лучшие места. Однако те, кто войдут в Первое Небесное Царство, будут очень довольны этим, они будут счастливы. Сейчас мы подробнее рассмотрим Первое Небесное Царство и узнаем, кто туда войдет.

Его красота и счастье превосходят Рай

Поскольку Рай - это место для тех, кто ничего не совершил по вере, там не будет личной собственности в награду. Начиная с Первого Царства и выше, личная собственность и венцы даются в качестве награды. В Первом Небесном Царстве каждому дается обитель и венец. Владеть личным домом на Небесах – великая слава. Это несравненно более высокая честь, чем то, что ожидает людей в Раю.

Прекрасно украшенные личные обители

Обители, подготовленные для верующих в Первом Небесном Царстве, похожи на отдельные квартиры на земле. Но построены они не из земных материалов, цемента или кирпича, а из дивных небесных материалов, золота и драгоценных камней.

В этих домах вместо лестниц будут специальные лифты, в которых не надо будет нажимать на кнопки, потому что лифт сам будет автоматически доставлять вас туда, куда вы хотите. Те, кто побывали на Небесах, свидетельствуют о том, что они видели квартиры. Потому что они побывали в Первом Царстве. Эти жилища оснащены абсолютно всем, что нужно для жизни, чтобы не испытывать никаких неудобств.

Для музыкантов подготовлены музыкальные инструменты, для тех, кто увлекается чтением, – книги. У каждого будет личное уютное пространство, где он сможет отдохнуть. Все в Первом Небесном Царстве создано по вкусу его хозяина. Это место гораздо красивее Рая, радость и комфорт, царящие там, превышают всякий земной опыт.

Общественные сады, озера, бассейны

В Первом Небесном Царстве сады, парки, озера, бассейны и спортивные площадки для игры в гольф находятся в общественном пользовании, - как на земле, где люди, живущие в многоквартирных домах, пользуются общими двориками, парками, теннисными площадками и бассейнами.

Места общественного пользования никогда не ломаются. Ангелы постоянно следят за их состоянием и помогают людям правильно ими пользоваться, чтобы всем было удобно. В Раю нет личных ангелов-слуг, но в Первом Небесном Царстве ангелы помогают людям. Радость и счастье здесь совсем другого качества. Например, вы сидите на скамейке у реки воды жизни и ведете приятную беседу со своими близкими людьми. В этот момент вам захотелось фруктов - ангелы немедленно услужливо исполнят ваше желание. Благодаря тому, что ангелы служат детям Божьим, счастье и радость здесь отличаются от того, что в Раю.

Первое Царство превосходит Рай

Даже цвет и аромат цветов, блеск и красота шерсти животных здесь отличаются от того, что в Раю. Это потому, что Бог подготовил все в соответствии с уровнем веры людей, оказавшихся в том или ином месте Небес. На земле у людей различные стандарты красоты. Специалисты по цветам оценивают один цветок по многим критериям. На Небесах, в зависимости от места, аромат цветов будет отличаться. Даже в одном месте у каждого цветка будет свой уникальный аромат. Бог подготовил такие цветы, чтобы люди в Первом Небесном Царстве чувствовали себя наилучшим образом, когда будут вдыхать их аромат. Конечно, вкус плодов и фруктов тоже отличается в каждом месте. Как вы готовитесь к встрече важных гостей? Вы стараетесь угодить гостю, приготовить все по его вкусу, чтобы сделать ему приятное. Бог также подготавливается к встрече своих детей, желая доставить им радость.

Кто попадет в Первое Небесное Царство?

Рай - это место на Небесах для тех, кто находится на первом уровне веры, кто верой в Иисуса Христа обрел спасение, но ничего не совершил для Божьего Царства. Кто попадет в Первое Царство и проведет там счастливую вечность?

Люди, старающиеся исполнять Слово Божье

Первое Небесное Царство предназначено для тех, кто принял Иисуса Христа и старался исполнять Слово Божье. Новообращенные верующие начинают посещать церковь по воскресеньям и слушать Слово Божье. Они еще не понимают, что такое грех, почему нужно молиться, почему необходимо удаляться от греховной жизни. Находящиеся на первом уровне веры, испытали радость рождения свыше, получения Святого Духа, но еще не до конца осознают все свои грехи.

Достигнув второго уровня веры, вы Святым Духом начинаете видеть и свои грехи и праведность. Вы стараетесь исполнять в жизни Слово Божье, но получается это у вас не сразу. Ребенок учится ходить, но падает, поднимается и опять идет. Первое Небесное Царство для людей, которые пытаются жить по Слову. Им будут даны венцы нетленные. Спортсмены придерживаются правил игры (2-ое Тим. 2:5-6), дети Божьи должны подвизаться добрым подвигом веры в истине. Если вы пренебрегаете правилами духовного царства, то есть законом Божьим, то вы похожи на спортсмена, нарушающего правила игры. Значит, ваша вера мертва. Вас не будут считать участником, и вы не получите венца.

Все, оказавшиеся в Первом Небесном Царстве, получат венцы, потому что они старались жить по Слову Божьему, хотя совершили недостаточно дел. Это спасение все еще считается «позорным». Они не полностью исполняли Слово Божье, но имели веру, чтобы попасть в Первое Небесное Царство.

Позорное спасение тех, чье дело сгорит

Позвольте объяснить, что я подразумеваю под термином «позорное спасение». В Первом послании Коринфянам 3:12-15 мы читаем:

«Строит ли кто на этом основании из золота, серебра, драгоценных камней, дерева, сена, соломы, каждого дело обнаружится; ибо день покажет, потому что в огне открывается, и огонь испытает дело каждого, каково оно есть. У кого дело, которое он строил, устоит, тот получит награду. А у кого дело сгорит, тот потерпит урон; впрочем сам спасется, но так, как бы из огня».

Основанием является Иисус Христос. Что бы вы ни строили на этом основании, ваше дело будет явлено после испытания огнем. Дела тех, чья вера подобна золоту, серебру или драгоценным камням, устоят в огненных испытаниях, потому что они исполняли Слово Божье. А дела тех, чья вера была, как дерево, сено и солома, сгорят, потому что они не смогли действовать по Слову.

Золото соответствует пятому, наивысшему уровню веры,

серебро – четвертому, драгоценные камни – третьему, дерево – второму, сено – первому, самому низкому уровню веры. Дерево и сено имеют жизнь, то есть подобная вера – живая. Солома, однако, суха и не имеет в себе жизни и символизирует тех, кто не имеет веры вообще.

Не имеющие веры не имеют и спасения. Дерево и сено сгорят в огненных испытаниях, люди с такой верой обретают позорное спасение. Бог признает веру золота, серебра и драгоценных камней, а дерева и сена не признает.

Вера без дел мертва

Некоторые из вас подумают: «Я уже давно христианин, я прошел первый уровень веры, войду, по крайней мере, в Первое Небесное Царство». Если у вас есть истинная вера, то очевидно вы исполняете Слово Божье. Если вы нарушаете закон и не оставляете своих грехов, может оказаться, что вы не попадете ни в Первое Царство, ни в Рай.

В Послании Иакова 2:14 задается такой вопрос: «*Что пользы, братия мои, если кто говорит, что он имеет веру, а дел не имеет? может ли эта вера спасти его?*». Без дел вы не имеете спасения. Вера без дел мертва. Те, кто не борется с грехом, не имеют спасения, потому что они ведут себя, как человек, получивший мину и спрятавший ее в платок (Лк. 19:20-26). «Мина» здесь символизирует Святой Дух. Бог даром дает Святой Дух тем, кто открывает свои сердца и принимает Иисуса Христа Спасителем. Святой Дух позволяет нам осознать живущий в нас грех, увидеть праведность и суд. Он позволяет получить спасение и взойти на Небеса.

А если вы исповедуете веру в Бога, но не обрезываете

сердце и продолжаете следовать за греховными желаниями, то Святой Дух покинет вас. Отбросьте грехи, исполняйте Слово Божье с помощью Святого Духа и ваше сердце начнет уподобляться сердцу Иисуса Христа, оно станет истинным. Дети Божьи, получившие Святой Дух, должны освящаться и приносить плоды Святого Духа, чтобы достичь совершенного спасения.

Внешне верные, но необрезанные духовно

Однажды Бог показал мне одного члена церкви, который попал в Первое Небесное Царство. Я узнал, как важно, чтобы вера сопровождалась делами. Восемнадцать лет брат преданно служил в финансовом отделе нашей церкви. Он верно выполнял и другие дела в церкви, за что его выбрали пресвитером. Он старался приносить плоды во всем, что он делал, чтобы прославить Бога. Он часто спрашивал себя: «Как еще я могу послужить Божьему Царству?». Однако он не имел особого успеха, потому что иногда позорил Бога, выбирая не совсем честный путь, следуя за своими плотскими желаниями, часто думая сначала о своем личном благе. Он делал резкие замечания, гневался на людей и во многих вопросах выказывал непослушание Божьему Слову. Другими словами, поскольку верность брата была только внешней, так как он не обрезал своего сердца, он продолжал оставаться на втором уровне веры. Более того, если наступала критическая ситуация в делах, у него начинались конфликты с людьми, он шел на компромисс с нечестием. Бог призвал его в самое лучшее время, потому что Он видел, что его вера остывала и он мог потерять даже Рай. Бог дал мне возможность услышать его раскаяние на Небесах в том, что он обижал чувства служителей, что не шел по истине, толкал других на нечестивый путь, оскорблял людей и вел себя неправильно, даже зная Слово Божье. Он сказал, что всегда находился под давлением своих ошибок, в которых он не раскаялся, пока находился на земле. Он также сказал, что благодарен, что ему дарован не Рай, а Первое Царство. Ему, конечно, было стыдно за то, что он, пресвитер, оказался всего лишь в этом месте.

Вы должны понимать, что самое главное, это иметь обрезанное, освященное сердце, а не внешнее благочестие и титулы.

Бог ведет Своих детей к лучшим Небесам через испытания

Спортсмену для победы на соревнованиях необходимы долгие и изнурительные тренировки. Верующему нужно научиться преодолевать невзгоды и испытания, чтобы обрести лучшие обители на Небесах. Бог допускает испытания в жизни Своих детей, чтобы таким образом привести их на Небеса. Испытания я делю на три категории.

Во-первых, нам даются испытания, чтобы мы оставили грехи. Чтобы стать истинным чадом Божьим, вы должны бороться с грехами, вплоть до пролития крови. Иногда Бог наказывает Своих детей, потому что они не оставляют грехи и продолжают греховную жизнь (Послание к Евреям 12:6). Родители обязаны дисциплинировать детей, чтобы они вели себя хорошо. Бог порой допускает испытания в нашей жизни, чтобы Его дети совершенствовались.

Во-вторых, есть испытания, чтобы сделать из нас правильный сосуд и дать нам благословения. Еще мальчиком

Давид спасал от льва или медведя свое стадо. Вера его была так глубока, что он сразил Голиафа, которого боялась вся израильская армия, ударом камня из пращи. Почему испытания продолжались в его жизни? Почему ему приходилось постоянно убегать от царя Саула? Потому что Бог допустил эти испытания. Он хотел воспитать из Давида настоящего царя с большим сердцем.

В-третьих, есть испытания через которые Бог желает положить конец бездействию человека. Людям свойственно избегать Бога, пока у них все в жизни мирно и хорошо. Например, некоторые верные Божьему Царству люди постоянно получают финансовые благословения. Они перестают молиться, и их энтузиазм и ревность к Богу остывают. Если Бог оставит их в покое, они могут отпасть от спасения. Он допускает испытания в их жизни, чтобы они пробудились.

Вам следует оставить свои грехи, действовать праведно, стать достойными сосудами в глазах Бога, понимать сердце Бога, допускающего испытания вашей веры. Я надеюсь, что вы в полноте получите дивные благословения, приготовленные Богом для вас. Кто-то скажет, что хочет измениться, но это нелегко. Однако он говорит так не потому, что это действительно трудно, а потому что ему не хватает желания и страсти изменять свое сердце.

Если вы понимаете Слово Божье духовно и стараетесь меняться изнутри, вы быстро изменитесь, потому что Бог даст вам благодать и сил для этого. Вам обязательно поможет Святой Дух. Но если Слово Божье для вас только теоретическое знание, если вы не исполняете в жизни Слово, то вы скорее всего станете высокомерным и горделивым человеком, которому будет очень трудно обрести спасение.

Я молюсь во имя Господа, чтобы вы не потеряли страсть и радость первой любви. Молюсь, чтобы вы исполняли желания Святого Духа и обрели самую лучшую обитель на Небесах.

 Глава 8

Второе Небесное Царство

Пасите Божие стадо, какое у вас, надзирая за ним
не принужденно, но охотно и богоугодно,
не для гнусной корысти, но из усердия,
и не господствуя над наследием Божиим,
но подавая пример стаду.
И когда явится Пастыреначальник,
вы получите неувядающий венец славы.
- Первое Послание Петра 5:2-4

Сколько бы вы ни слышали о Небесах, пользы вам от этого не будет, пока вы не осознаете это своим сердцем и не уверуете искренне. Как птица склевывает посеянное вдоль дороги семя, так враг сатана и дьявол похищает у вас Слово о Небесах (Мтф. 13:19). Слушающий и принимающий Слово о Небесах сможет жить верой и надеждой и произвести урожай в тридцать, шестьдесят и сто крат более посеянного. Исполняющий Слово Божье не только исполнит свой долг перед Богом, но и также станет освященным и верным всему дому Божьему. Кто попадет во Второе Небесное Царство?

Прекрасный личный дом у каждого

Я уже объяснил, что в Рай и в Первое Небесное Царство попадут те, кто обрел позорное спасение, потому что их дела не выдержат огненных испытаний. Вера тех, кто попадет во Второе Небесное Царство, не поколеблется в огненных испытаниях. По Божьей справедливости они получат награды в соответствии с тем, что посеяли. Попавшие в Первое Небесное Царство будут счастливы подобно золотой рыбке в аквариуме, а состояние людей во Втором Небесном Царстве можно сравнить с тем, что испытывает кит, которому предоставлен просторный Тихий океан.

Давайте посмотрим на дома и на то, как будут жить люди во Втором Небесном Царстве.

Одноэтажный личный дом

Обители в Первом Небесном Царстве напоминают квартиры. Во Втором Небесном Царстве людей ожидают отдельные одноэтажные домики. Даже самый красивый дом или коттедж на земле не сравнится по красоте с этим домом. Он великолепно украшен, утопает в цветах и зелени. Оказавшись во Втором Царстве, вы получите не только персональный домик. Вам будет дана одна вещь. Если вам хочется бассейн, вы получите украшенный золотом и драгоценными камнями бассейн. Если вам захочется иметь свое озеро, вам дадут озеро, захочется личный бальный зал - он будет у вас. Если вы любите гулять пешком, вам будет дана великолепная дорога, по сторонам которой растут цветы, деревья, играют животные.

Но вы сможете выбрать только одну вещь. Во Втором

Царстве люди владеют различными вещами, поэтому они могут ходить друг ко другу в гости и делиться тем, что у них есть. Если хозяин бального зала захочет искупаться в бассейне, которого у него нет, он может сходить к своему соседу. На Небесах люди служат друг другу, они никогда не устают друг от друга и не отказываются помочь. Наоборот, их особенно радуют гости. Если вам захочется что-то, чего у вас нет, вы можете смело идти к соседям и насладиться теми вещами, которые есть у них.

Второе Царство лучше Первого во всех аспектах. Хотя, конечно, оно не может сравниться с Новым Иерусалимом. Здесь нет ангелов, служащих каждому персонально. Размеры, красота, материалы, из которых выстроены дома, их убранство тоже отличаются.

Табличка на дверях

На каждом домике во Втором Царстве будет табличка на дверях. На ней написано имя живущего человека, название церкви, в которой он служил. Табличка отсвечивает чудесным сиянием, на ее поверхности переливаются красивые небесные буквы, напоминающие по виду арабские или древнееврейские буквы, которыми написано имя. Жители Второго Царства смогут сказать, глядя на табличку, чей это дом и в какой церкви служил человек, в нем живущий. Зачем обязательно указывать название церкви? Это делает Бог, чтобы прославились те члены церкви, которые построили Великий Храм для встречи Господа в Его второе пришествие.

Дома в Третьем Царстве и в Новом Иерусалиме не имеют дверных табличек. Они не нужны, потому что людей там не так много. Особый аромат каждой обители безошибочно скажет вам, кто в ней живет.

Сожаление о том, что человек не освятился до конца

Некоторые думают: «Но ведь это же неудобно. Дома в Раю – общие. Во Втором Царстве люди ограничены только одной вещью». На Небесах не будет неудобств и недостатка. Люди не почувствуют неудобств оттого, что живут вместе. Они не будут жадничать и легко будут делиться тем, что имеют. Они будут благодарны, потому что возможность делиться с другими будет для них источником счастья.

У них не будет зависти к вещам других, не будет сожаления, что они владеют только одной вещью. Наоборот, они всегда будут испытывать огромную благодарность к Богу Отцу за то, что Он дал им гораздо больше того, что они заслуживали. Они будут довольны, радость их будет неизменной.

Они будут сожалеть только об одном, о том, что недостаточно старались освятиться. Им будет стыдно перед Богом, потому что они полностью не отбросили зло из своего сердца. Они не будут завидовать тем, кто удостоился оказаться в Третьем Царстве или в Новом Иерусалиме. Они будут сожалеть, что не освятились полностью.

Бог по справедливости позволяет вам пожинать то, что вы посеяли. Он награждает вас по делам вашим. Он дает обители и награды на Небесах тем, кто освятился на земле. Он щедро награждает вас в той степени, в которой вы исполняете Слово Божье. Чего бы вы не пожелали на Небесах, Он даст это на 100 процентов. Он дает даже более того, что вы совершили.

Поэтому не важно, на какой уровень Небес вы войдете, вы всегда будете благодарны Богу за то, что Он дал вам гораздо больше того, что вы совершили на земле, дал вам вечную жизнь, счастье и радость.

Венец славы

Щедро вознаграждающий Бог дает нетленный венец тем, кто взошел в Первое Небесное Царство. Какой венец он даст обитателям Второго Царства? Они не освятились до конца, но выполняли свой долг, поэтому Бог даст им венец славы. Прочитайте Первое послание Петра 5:2-4, и вы поймете, что венец славы дается тем, кто показал пример жизни, верной Слову.

> *«Пасите Божие стадо, какое у вас, надзирая за ним не принужденно, но охотно и богоугодно, не для гнусной корысти, но из усердия, и не господствуя над наследием Божиим, но подавая пример стаду; и когда явится Пастыреначальник, вы получите неувядающий венец славы».*

Написано: «неувядающий венец славы», потому что на Небесах все совершенно, и даже венцы вечны и не увядают.

Кто попадет во Второе Небесное Царство?

Вокруг Сеула, столицы Республики Корея, располагаются города-спутники, а вокруг этих городов разместились небольшие селения. Вокруг Третьего Царства, в котором находится Новый Иерусалим, находятся Второе Царство, Первое Царство и Рай.

Первое Царство – место для людей со вторым уровнем веры, которые стараются жить по Слову. Люди, находящиеся на третьем уровне веры, которые уже могут жить по Слову, попадают во Второе Царство.

Второе Царство: Место для людей, освященных не до конца

Если вы живете по Слову Божьему и исполняете свой долг, но сердце ваше еще не до конца освящено, вы попадете во Второе Царство. Если вы красивы и умны, то вам обязательно захочется, чтобы ваши дети были похожи на вас. Святой и совершенный Бог тоже желает, чтобы его дети становились похожими на Него. Он желает, чтобы Его дети исполняли Его заповеди из любви к Нему, а не из чувства долга перед Ним. Ведь для любимого человека вы сделаете все, даже самое трудное. Если вы истинно любите Бога всем своим сердцем, вы сможете с радостью исполнить любые Его заповеди.

С радостью и благодарностью вы безоговорочно будете слушаться Его. Вы будете исполнять то, что Он просит, и перестанете делать то, что Он считает грехом. Однако те, кто находятся на третьем уровне веры, еще не могут всегда действовать по Слову Божьему с радостью и благодарностью, потому что не достигли такого уровня любви.

В Библии говорится о делах плоти (Гал. 5:19-21) и помышлениях плоти (Рим. 8:5). Когда вы ведете себя, руководствуясь злом своего сердца, вы проявляете дела плоти. Грех, живущий в вашем сердце, который не виден внешне, называется помышлением плоти. Находящиеся на третьем уровне веры уже отбросили грехи, проявляемые внешне, но в сердце у них еще остались помышления плоти.

Они исполняют заповеди, оставили греховное поведение, не делают ничего из того, что запрещает Бог. Однако зло еще коренится в их сердце.

Вы исполняете свой долг, но сердце ваше еще не освящено до конца, значит, вы взойдете на Вторые Небеса. Освящение - это состояние сердца, в котором нет места злу.

Например, допустим, вы кого-то ненавидите. Вы узнали, что Слово Божье говорит: «Да не будет в вас ненависти», и теперь стараетесь оставить это чувство. Но если вы не сможете истинно полюбить этого человека всем сердцем, вы еще не освятились.

Вырасти до четвертого уровня веры можно только, если бороться с грехом до пролития крови.

Исполнить долг благодатью Божьей

Второе Царство – место для тех, кто не достиг полного освящения, но выполнял данные Богом обязанности. Приведу в качестве примера сестру, служившую в церкви «Манмин Джунг-анг» и после смерти последовавшую во Второе Царство.

Вместе с мужем она пришла в церковь в год ее основания. Она страдала от тяжелой болезни, и после моей молитвы исцелилась. Все члены ее семьи стали верующими и возрастали в вере. Она стала старшей дьякониссой, мужа назначили пресвитером. Когда дети подросли, они тоже стали служить Господу. Однако эта сестра не смогла побороть в себе все грехи и достойно выполнять свое служение. Но благодатью Божьей она покаялась, завершила свои обязанности и умерла. Бог позволил мне узнать, что она отправилась во Второе Царство Небесное, и разрешил мне в духе иметь с ней общение.

На Небесах она больше всего сожалела о том, что не сумела искоренить в себе все грехи и полностью освятиться. Она также сожалела о том, что не поблагодарила своего пастыря, который молился об ее исцелении и с любовью наставлял ее в вере. Она также считала, что по ее вере, служению Господу, и тому, что она говорила своими устами, она могла оказаться только в Первом Царстве. Однако, когда времени на земле у нее почти не оставалось, благодаря молитве ее пастыря и ее делам, которые понравились Богу, ее вера быстро возросла, и она смогла войти во Второе Царство. Действительно, ее вера очень укрепилась перед смертью. Она полностью посвятила себя молитве. Она раздала тысячи церковных бюллетеней своим соседям. Она перестала обращать на себя внимание и верно служила Господу.

Она рассказала мне о своем доме на Небесах. Хоть это одноэтажный дом, он красив, украшен цветами и очень большой. Конечно, по сравнению с обителями в Третьем царстве и в Новом Иерусалиме, это как домик, крытый соломой. Но она очень благодарила Бога, потому что была уверена, что не заслужила этого. Она хотела передать своей семье, чтобы они старались обрести обители в Новом Иерусалиме:

«Небеса подразделяются очень тщательно. Слава и свет каждого места различны. Я умоляю своих близких стремиться в Новый Иерусалим. Я бы хотела сказать моей семье, что, если они не оставят всех своих грехов, им будет очень стыдно встретиться с Богом Отцом на Небесах. Награды, которые Бог дает тем, кто удостаивается Нового Иерусалима, велики, обители грандиозны. Но важнее всего, это побороть в себе всякого рода зло, чтобы не было стыдно встретиться с Богом. Я хочу передать это послание своей семье, чтобы они отвергли в себе зло и вошли в славный Новый Иерусалим».

Умоляю вас, осознайте, как драгоценно освящение сердца. Как важно посвятить каждый день своей жизни Царству и праведности Божьей, имея надежду на Небеса. Как важно стремиться брать силой Новый Иерусалим.

Верность и непослушание в силу ошибочного понимания праведности

Позвольте привести в пример еще один случай из нашей церкви. Эта сестра любила Господа и верно исполняла свои обязанности. Но она не могла войти в Третье Царство из-за некоторого непонимания принципов веры.

Она появилась в церкви из-за своего мужа, которого принесли на носилках. После молитвы боль оставила его, он встал и начал ходить. Представьте, как она была благодарна и счастлива. Она не переставала славить Бога, исцелившего ее мужа, и благодарила пастора, помолившегося о нем с любовью. Она стала верной прихожанкой, всегда молившейся о Божьем Царстве. Она молилась о пасторе всегда, даже когда готовила еду на кухне. Она очень полюбила братьев и сестер, поэтому утешала их, ободряла и заботилась о верующих. Ей хотелось всегда исполнять Слово Божье, она старалась отвергать свои грехи вплоть до пролития крови. Она никогда не завидовала мирскому богатству, и всю себя посвятила благовестию своим ближним.

Видя ее верность Божьему Царству, я почувствовал вдохновение от Святого Духа и попросил ее исполнять обязанности по церковному служению. Я верил, что, если она исполнит эту обязанность, вся ее семья, включая мужа, обретет духовную веру. Однако она, сославшись на обстоятельства, отказалась от служения. Другими словами, плотские помышления не позволили ей этого. Вскоре она умерла. Мое сердце было разбито. Во время молитвы Богу я смог услышать ее исповедь:

«Даже, если я раскаюсь в непослушании пастору, время не повернуть назад. Я все больше молюсь о Божьем Царстве и нашем пасторе. Хочу передать братьям и сестрам, что пастор провозглашает волю Божью. Наряду с неисполнением воли Бога гнев тоже является серьезным грехом. Из-за этих грехов люди сталкиваются с трудностями. Мне говорили не гневаться, смиряться сердцем и стараться подчиняться искренне. Приближается день, когда я встречусь с дорогими братьями и сестрами. Я надеюсь, что мои братья и сестры очищаются и с радостью ожидают этого дня».

Она много рассказала мне и также сообщила, что причина, по которой она не смогла войти в Третье Царство, состоит в ее непослушании:

«Я многого не исполняла. Я порой не соглашалась с тем, что слышала в проповедях. Я не выполняла своих обязанностей, как надлежало. По своему плотскому помышлению я приняла решение отказаться от служения до того времени, когда обстоятельства мне позволят служить. Это было огромной ошибкой перед Богом».

Она призналась, что завидовала наградам, которые получат на Небесах служители и особенно те, кто занимался финансами церкви. Однако на Небесах она узнала, что это не всегда так:

«Только исполняющие волю Бога получат великие

награды и благословения. Если руководители допускают ошибки, их грех гораздо больше, чем ошибка простого члена церкви. Им нужно больше молиться, проявлять больше верности, лучше учить. Они обязаны иметь способность различения. Поэтому Писание говорит, чтобы не все стремились быть учителями. Благословения получит тот, кто искренне старается выполнить все, что он должен сделать на своем месте. Наступает день встречи детей Божьих в вечном царстве. Пусть каждый старается отвергнуть дела плоти, стать праведником и хорошо подготовиться как невеста Господа, чтобы не было стыдно предстать перед Богом».

Вы должны понять, что подчиняться надо не из чувства долга, а из любви к Богу. Это и будет освящением вашего сердца. Вы должны не просто ходить в церковь, а внимательно исследовать свое сердце, чтобы понять, в какое Небесное Царство вы попадете, если Отец призовет вашу душу сегодня. Старайтесь быть верными во всем, живите по Слову Божьему и, видя ваше полное освящение, Бог позволит вам войти в Новый Иерусалим. Первое послание Коринфянам 15:41 говорит вам, что слава каждого человека на Небесах различна:

«Иная слава солнца, иная слава луны, иная звезд; и звезда от звезды разнится в славе».

Все спасенные имеют жизнь вечную на Небесах. Но кто-то останется в Раю, а кто-то удостоится Нового Иерусалима, все получат по мере своей веры. Слава спасенных будет настолько различной, что это невозможно выразить. Я молюсь именем Господа, чтобы вы не успокаивались на достигнутом уровне веры. Будьте как земледелец из притчи Иисуса, который продал все свое имущество для того, чтобы купить поле и выкопать сокровище. Живите по Слову Божьему, отвергните всякого рода зло из своего сердца, войдите в Новый Иерусалим и оставайтесь в славе, сияющей как солнце.

❧ Глава 9 ☙

Третье Небесное Царство

*Блажен человек, который переносит искушение,
потому что, быв испытан, он получит венец жизни,
который обещал Господь любящим Его.*
                                    - Послание Иакова 1:12

Бог есть Дух, Он – благо, свет и любовь, поэтому Он желает, чтобы его дети отвергли грехи и зло. Иисус, придя в этот мир во плоти, не имел греха, потому что Он ¬– Бог. В какой степени нам следует измениться, чтобы стать невестой Господа? Чтобы стать истинным чадом Божьим и невестой Господа, вы должны изменять свое сердце в святое сердце Бога и отвергать зло.

Третье Небесное Царство подготовлено для освященных детей Божьих, чьи сердца уподобились Божьему сердцу. Это место очень отличается от Второго Царства. Бог ненавидит зло и любит добро. Он особым образом обращается с освященными детьми. Как выглядит Третье Царство? Как нужно любить Бога, чтобы обрести это Царство?

Ангелы служат каждому чаду Божьему

Обители в Третьем Царстве намного величавее и красивее, чем одноэтажные дома Второго Царства. Они декорированы драгоценными камнями и снабжены абсолютно всеми удобствами, которые только может пожелать живущий в нем человек. В Третьем Царстве у каждого спасенного есть служащий ему ангел. Ангелы обожают своих хозяев и служат им с любовью и вниманием.

Личные ангелы

В Послании к Евреям 1:14 сказано об ангелах: *«Не все ли они суть служебные духи, посылаемые на служение для тех, которые имеют наследовать спасение?»*. Ангелы – духовные существа. По облику они напоминают человека, как творения Божьи, но не имеют костей и плоти, не вступают в брак и не умирают. Они не имеют личных качеств, как люди, но знаниями и силой превосходят человека (2-ое Петра 2:11).

В Послании к Евреям 12:22 говорится об огромном числе ангелов, «тьме» ангелов. Бог упорядочил ангелов по рангу, дал им различные задания и соответствующие заданиям полномочия. Есть ангелы, небесное воинство и архангелы. Например, Гавриил, как чиновник по гражданским делам, доставляет ответы на молитвы, сообщает Божьи планы и откровения (Дан. 9:21-23; Лк. 1:19, 1:26-27). Архангела Михаила можно сравнить с полководцем, возглавляющим небесную армию. Он ведет войны со злыми духами (Дан. 10:13-14, 10:21; Иуда 1:9; Откр. 12:7-8).

В Раю, Первом и Втором Царствах ангелы иногда помогают детям Божьим, но личных ангелов там нет. Ангелы занимаются хозяйством, косят траву, сажают цветы вдоль дорог, следят, чтобы всем было удобно, доставляют послания от Бога. Бог наградил обитателей Третьего Царства и Нового Иерусалима личными ангелами. Чем больше человек уподобился Богу, чем послушнее он был, тем больше ангелов служит ему на Небесах.

Если у человека дом огромного размера в Новом Иерусалиме, то ему служат бесчисленные ангелы, что означает, что владелец дома привел многие души к спасению и сердцем уподобился Богу. Одни ангелы будут ухаживать за домом, за всеми вещами, которые даны в награду, другие будут лично служить своему хозяину. Ангелов будет очень много.

В Третьем Царстве будут ангелы, исполняющие обязанности личной прислуги, будут ангелы для ухода за домом, будут даже ангелы-швейцары, встречающие и провожающие ваших гостей. Если только вы сможете войти в Третье Царство, вы будете безмерно благодарны Богу за то, что Он позволил вам царствовать в вечности в окружении множества услужливых ангелов, которых Он даровал вам в качестве награды.

Великолепный многоэтажный личный дом

В домах Третьего Царства есть сады, в которых растут прекрасные цветы и деревья, издающие нежный и приятный аромат. В озерах водится много разной рыбы. Люди смогут разговаривать с животными, птицами и рыбами. Ангелы играют чудесную музыку, люди присоединяются к ним и вместе поют хвалу Отцу Богу.

Обитателям Второго Царства позволяется иметь только

одну любимую вещь, а в Третьем Царстве вы можете владеть всем, чем пожелаете: полем для гольфа, бассейном, озером, прогулочной дорогой, бальным залом. Вам не надо ходить к соседям, если вам захотелось искупаться в бассейне, у вас будет все, и вы сможете пользоваться этим сколько угодно.

В Третьем Царстве здания многоэтажны, великолепны, величественны, огромны по размеру. Они декорированы так, что ни один миллиардер этого мира не сумел бы воспроизвести такую красоту. На дверях домов Третьего Царства нет табличек. Все и так знают, кто здесь живет, по особому благоуханию чистого и прекрасного сердца хозяина дома, источаемого самим домом. Дома имеют различный аромат и различную яркость света. Чем больше человек уподобился Богу, тем красивее и ярче светится и благоухает его обитель. Люди держат в домах домашних любимцев – животных и птиц. Они намного красивее и милее животных Первого и Второго Царств. Автомобили из облаков используются здесь как общественный транспорт, и все желающие могут путешествовать по бесконечным небесам. Жизнь в Третьем Небесном Царстве превосходит воображение, люди могут делать все, что захотят.

В Откровении 2:10 записано обещание венца жизни тем, кто верен Царству Божьему до смерти:

«Не бойся ничего, что тебе надобно будет претерпеть. Вот, диавол будет ввергать из среды вас в темницу, чтобы искусить вас, и будете иметь скорбь дней десять. Будь верен до смерти, и дам тебе венец жизни».

Фраза «будь верен до смерти» означает не только

верность мученичества, но и призыв не идти на компромисс с миром, стать святым и отвергнуть грехи, вплоть до пролития крови. Бог награждает всех, входящих в Третье Царство, венцом жизни, потому что они проявили верность до смерти, преодолев искушения и испытания (Иак. 1:12). Когда обитатели Третьего Царства посещают Новый Иерусалим, они помещают круглый знак на правой стороне венца жизни. Когда люди из Рая, Первого или Второго Царств посещают Новый Иерусалим, знак помещается ими на левой стороне груди. Так вы сможете увидеть, что слава живущих на Третьих Небесах иная. Жители Нового Иерусалима находятся под особой заботой Бога, поэтому им не нужен знак. Бог обращается с ними, как с особыми детьми Божьими.

Дома в Новом Иерусалиме

Дома Третьего Царства отличаются по размерам, красоте и славе от домов Нового Иерусалима. Например, если наименьший дом в Новом Иерусалиме – сто тысяч квадратных метров, то в Третьем царстве – шестьдесят тысяч квадратных метров. Размеры домов каждого полностью зависят от того, как трудился его хозяин по спасению душ, как участвовал в созидании Божьей церкви. Иисус сказал в Евангелии от Матфея 5:5: *«Блаженны кроткие, ибо они наследуют землю»*. Сколько душ человек привел на Небеса своим кротким сердцем, таков будет размер его вечного небесного дома. В Третьем Царстве будет много домов размером в десятки тысяч квадратных метров, но даже самый большой дом в Третьем Царстве все равно окажется меньше, чем в Новом Иерусалиме. Кроме размера, дома будут отличаться по форме, красоте отделки, количеству драгоценных камней декора.

В Новом Иерусалиме, кроме двенадцати драгоценных камней, лежащих в его основании, есть много других, невообразимо крупных и красивых камней, названия которых на земле не известны. Некоторые из них сверкают двойным и тройным сиянием. Конечно, в Третьем Царстве тоже много драгоценных камней. Но, несмотря на их разнообразие, им не сравниться с драгоценностями Нового Иерусалима. В Третьем Царстве нет камней, переливающихся двойным или тройным сиянием. Драгоценные камни Третьего Царства отличаются более богатым светом, чем камни Первого или Второго Царств. Но, по сравнению с драгоценными камнями в Новом Иерусалиме, даже самый крупный и красивый камень кажется маленьким и менее значительным. Люди в Третьем Царстве, обитая вне Нового Иерусалима, наполненного Божьей славой, смотрят на него и еще больше хотят туда попасть.

«Если бы я проявил больше верности Божьему дому...»

«Если бы Отец хоть раз назвал мое имя...»

«Если бы меня пригласили сюда хоть еще раз...»

Третье Небесное Царство является красивейшим и счастливейшим местом на Небесах, но оно не может сравниться с Новым Иерусалимом.

Кто попадет в Третье Небесное Царство?

Когда вы открываете свое сердце и принимаете Иисуса Христа своим личным Спасителем, Святой Дух поселяется в вас и начинает учить вас тому, что есть грех, праведность, суд, истина. Когда вы слушаетесь Слова Божьего, отвергаете зло и освящаетесь, вы вступаете в состояние, которое Библия называет преуспеванием души. Это четвертый уровень веры. Достигнувшие четвертого уровня веры, глубоко любят Бога и входят в Третье Царство. Чем особенно отличаются люди, имеющие веру, позволяющую войти в Третье Царство?

Освящение через отвержение всякого рода зла

Во времена Ветхого Завета люди не получали Святого Духа. Поэтому они не могли отвергнуть грехов, глубоко запрятанных в их сердцах, так как своими силами человек этого не может сделать. Они обрезывались физически, и пока зло не проявлялось в действии, оно не считалось грехом. Даже если человек задумал убийство, это не являлось грехом, пока преступный план не реализовывался.

В новозаветное время верующий в Иисуса Христа принимает Святой Дух. Вы не войдете в Третье Царство пока не «обрежете» сердце, то есть пока не освятитесь. Вам поможет это сделать Святой Дух. Отбросив всякого рода зло: ненависть, прелюбодеяние, жадность, вы освятитесь и войдете в Третье Царство. Сердце какого человека освящено? Человека, имеющего духовную любовь, как описано в главе 13-й Первого послания Коринфянам, приносящего девять плодов Святого Духа, как сказано в главе 5-й Послания к Галатам, исполняющего Заповеди Блаженства из главы 5-й Евангелия от Матфея, уподобляющегося святости Господа.

Это не значит, конечно, что такой человек уже достиг уровня Господа. Сколько бы он ни отвергал зло из своего сердца, сколько бы ни освящался, он не достигнет уровня

Бога. Освящению сердца предшествует подготовка почвы сердца. Как земледелец сначала очищает и подготавливает почву для посадки, так и вы должны сделать сердце доброй почвой исполнением того, что говорит вам Библия. Вы принесете добрые плоды, если семена будут посеяны. Но они смогут прорасти, зацвести и дать плоды при условии, что вы исполняете Божьи заповеди. Освящение – это очищение от первородного греха и грехов, совершаемых самим человеком, при помощи Святого Духа, после того как он родился свыше от воды и Святого Духа, уверовав в искупительную силу Иисуса Христа. Прощение грехов верой в кровь Иисуса Христа отличается от отвержения греховной природы с помощью Святого Духа через молитвы и пост. Вы приняли Иисуса Христа и стали чадом Божьим, но это не означает, что вы полностью искоренили грехи из своего сердца. В вас все еще есть зло: ненависть, гордыня и подобные вещи. Поэтому так важно увидеть в себе зло, слушая Слово Божье, и бороться с ним вплоть до пролития крови (Евр. 12:4).

Вот каким образом вы искореняете грехи и совершаете освящение.Ступень, на которой вы отвергли не только дела плоти, но и помышления плоти, есть четвертый уровень веры – освящение.

Почему Бог допустил суровое испытание Иову?

Мы читаем в Послании Иакова 1:12, что Бог порой допускает испытания и ведет человека к полному освящению.

«Блажен человек, который переносит искушение, потому что, быв испытан, он получит венец жизни,

который обещал Господь любящим Его».

В Ветхом Завете Иов был праведен, и Бог признал его как человека непорочного, справедливого, богобоязненного и удалявшегося от зла (Иов 1:1). Однажды он столкнулся с испытанием. Он потерял своих детей и все свое состояние. Иов не жаловался, но благодарил Бога и воздавал Ему славу. Но испытания продолжились, и Иов начал жаловаться. Он не понимал, почему Бог заставил его страдать.

Действительно, почему Бог допустил испытания в жизни Иова, о котором сказано, что он был праведен? Как ювелир добивается особого сияния драгоценного камня, так Бог желал сформировать Иова, и этим испытанием сделать его сосуд прекраснее. Даже непорочный Иов имел по своей природе грехи, о которых не догадывался. Вот Бог и допустил в его жизни испытания, чтобы полностью очистить его. После этого Бог дал Иову «вдвое больше того, что он имел прежде».

Освящение после отвержения грехов по природе

Что такое грехи по природе? Это грехи, которые нам переданы через семя жизни от родителей после того, как Адам совершил непослушание. Например, в младенце, не достигшем и года, уже есть зло. Хотя мать не учила его ненависти или зависти, он разозлится или даже произведет какие-то злые действия, если она покормит грудью другого малыша. Он может начать отталкивать чужого ребенка, плакать и капризничать, пока тот будет оставаться на руках его матери. Причина, по которой даже младенец проявляет злое действие, хотя этому его не учили, состоит в том, что в природе человека живет зло. Человек совершает грехи, когда следует за греховными желаниями своего сердца. Конечно, если вы очищены от первородного греха, то совершенно очевидно, что вы будете отвергать все остальные грехи, так как корень греха уничтожен. Поэтому духовное возрождение – это начало освящения, а освящение – это завершение возрождения. Следовательно, если вы родились свыше, я надеюсь, что вы будете жить успешной христианской жизнью, чтобы совершать освящение. Если вы истинно желаете освящения и восстановления утраченного Божьего образа, если вы стараетесь достичь этого, тогда вы сможете отвергать грехи своей природы благодатью и силой Бога с помощью Святого Духа. Я надеюсь, что вы уподобитесь святому Божьему сердцу: *«Ибо написано: будьте святы, потому что Я свят»* (1-ое Петра 1:16).

Освящена, но не до конца верна всему Божьему дому

Бог позволил мне иметь духовное общение с сестрой, которая уже ушла из жизни и оказалась в Третьем Царстве Небесном. Ворота ее небесного дома украшены жемчугом, потому что она много молилась и плакала. Эта верная христианка молилась о Царстве Божьем, Его праведности, о своей церкви, служителях и членах церкви. До встречи с Господом она была бедной и несчастной. Приняв Господа, она устремилась к освящению. Начав понимать Слово Божие, она подчинялась истине.

Она хорошо исполняла свои обязанности, потому что этому ее обучал служитель, которого очень любит Бог. Ее верность позволила ей обрести славное и очень достойное место в Третьем Царстве. Сверкающий драгоценный камень из Нового Иерусалима будет помещен в воротах ее обители. Эту драгоценность даст ей ее служитель, которому она служила на земле. Он возьмет эту драгоценность из гостиной своего небесного дома и подарит ей, когда навестит ее на Небесах. Это станет знаком того, что служитель очень скучает по ней, потому что она не смогла войти в Новый Иерусалим. Многие в Третьем Царстве будут смотреть на драгоценный камень с завистью. Несмотря на это, она все еще сожалеет, что не обрела Нового Иерусалима. Если бы у нее было больше веры, она была бы вместе с Господом, со служителем, которому она служила на земле, и другими братьями и сестрами из своей церкви в будущем. Если бы на земле она была немного вернее, она вошла бы в Новый Иерусалим, но из-за своего непослушания она упустила предоставляемый ей шанс.

Она очень благодарна и глубоко тронута тем, что ей дана слава находиться в Третьем Царстве. Она признается, что благодарит Бога за те награды, которые Он ей дал, потому что ни одну она не получила своими заслугами. «Я не вошла в Новый Иерусалим, наполненный славой Отца, потому, что не была совершенна во всем. Моя обитель – прекрасный дом в Третьем Царстве. Дом мой огромен и красив. Конечно, он не так велик, как дома в Новом Иерусалиме, но мне дано столько фантастически красивых и дивных вещей, каких мир не может вообразить. Я ничего не сделала, я ничего не дала. Я не сделала ничего радостного для Господа. Но слава Господа, которая здесь, так велика, что я чувствую только сожаление и благодарность. Я благодарю Бога за то, что Он все-таки позволил мне находиться в более славном месте Третьего Царства».

Мученики за веру

В Третье Небесное Царство войдут люди, полностью освященные сердцем, и мученики за веру, принесшие в жертву Богу все, включая свою жизнь. Членов ранней христианской церкви, сохранивших веру, обезглавливали, бросали на растерзание львам в римском Колизее, сжигали. Они получат награду мученика на Небесах. В тех суровых преследованиях было очень тяжело не отречься от веры и стать мучеником.

Вокруг вас многие не соблюдают День Господень или не исполняют данные Богом обязанности, потому что желают денег. Люди, которые не в состоянии быть послушными в таких малых делах, никогда не сохранят веру в ситуации, когда над их жизнью нависнет угроза, не говоря уже о мученичестве за веру.

Кто имеет веру мученика? Это честные люди с неизменным сердцем, как Даниил в Ветхом Завете. Двоедушные, ищущие своей выгоды, идущие на компромисс с миром вряд ли станут мучениками веры. Даниил хранил веру, зная, что за это его бросят в ров со львами. Он не предал истину, потому что сердце его было чистым и честным.

Вспомним Стефана в Новом Завете. Его насмерть забили камнями за проповедь Евангелия нашего Господа. Стефан был освященным верующим, он мог молиться за тех, кто несправедливо преследовал его и лишил жизни. Как, должно быть, любит его Господь! Он будет с Господом в вечности, слава и красота его будут безмерны. Вы должны понять, что самое главное в христианской жизни – достигнуть праведности и освящения сердца.

Сегодня очень мало тех, кто имеет истинную веру. Даже

Иисус спросил: *«Но Сын Человеческий, придя, найдет ли веру на земле?»* (Лк. 18:8). Как дороги вы будете Богу, если станете освященными детьми Его, хранящими веру, отвергающими всякого рода зло в мире, полном грехов. Я прошу именем Господа, чтобы вы неустанно молились, скорее освящали свои сердца, стремились к славе и наградам, которые Бог Отец приготовил вам на Небесах.

Глава 10

Новый Иерусалим

*И я, Иоанн, увидел святый город Иерусалим,
новый, сходящий от Бога с неба,
приготовленный как невеста, украшенная
для мужа своего.*

- Откровение 21:2

В Новом Иерусалиме, красивейшем месте во всех Небесах, наполненном славой Божией, находится Престол Бога и дворцы Господа и Святого Духа. Там расположены обители верующих, чья крепкая и глубокая вера была особенно по сердцу Бога. Обители Нового Иерусалима подготовлены будто по желанию своих будущих хозяев. Вошедшие в Новый Иерусалим, чистый и прозрачный, как кристалл, где царит вечный и любящий Бог, должны не только уподобиться сердцу святого Бога, но и исполнять свой долг, как Господь Иисус.

Что такое Новый Иерусалим? Кто войдет в Новый Иерусалим?

Обитатели Нового Иерусалима видят Бога лицом к лицу

Новый Иерусалим, называемый святым городом, приготовлен как невеста, украшенная для мужа своего. Всем предоставлена честь видеть лицо Бога, так как там находится Престол Божий. Его еще называют городом славы, потому что входящие в Новый Иерусалим навечно обретают славу Божью. Стена его построена из ясписа, а город – чистое золото, подобен чистому стеклу. Каждая из четырех стен - северная, южная, восточная и западная - имеет по трое ворот. Ворота охраняются ангелом. Фундаментом города служат двенадцать различных драгоценных камней.

Двенадцать жемчужных ворот Нового Иерусалима

Почему двенадцать ворот Нового Иерусалима сделаны из жемчуга? Для того чтобы в ракушке появилась всего лишь одна жемчужина, она отдает все свои жизненные силы. Этот процесс занимает много времени. Так же и вы должны отвергать грехи, бороться с ними до пролития крови, проявлять верность Богу вплоть до смерти, быть стойкими и целомудренными. Бог создал жемчужные ворота, потому что вы преодолели свои обстоятельства с радостью, справились со всеми возложенными на вас Богом обязанностями, хотя вам пришлось идти узким путем. Когда спасенный верующий, входящий в Новый Иерусалим, проходит через жемчужные ворота, он плачет от радости и волнения. Он воздает всю славу и благодарность Богу, который привел его в Новый Иерусалим.

Знаете, зачем Бог положил в основание города двенадцать

драгоценных камней? Сочетание значений двенадцати драгоценных камней являют собой символ сердца Господа и Отца. Вам следует понять духовное значение каждого драгоценного камня и стараться достигать этого духовного смысла в своем сердце. Я расскажу об этом подробнее в книге *«Небеса II: Слава Божия»*.

Дома Нового Иерусалима совершенны и разнообразны

По размеру и величию дома напоминают замки. Каждый соответствует вкусу его владельца. Сияние и разноцветный блеск, исходящие от драгоценных камней, создают неповторимую атмосферу славы, которую нельзя выразить словами.

Глядя на каждый дом, все сразу понимают, кто в нем живет. Драгоценные украшения и слава каждого дома показывают, как глубоко этого человека полюбил Бог, пока он еще был на земле. Например, на доме мученика за веру будет написано, какое сердце было у этого человека, как верно он служил Богу. На сверкающей золотой табличке будут выгравированы следующие слова: «Владелец этого дома стал мучеником за веру и исполнил волю Отца. Число, месяц, год».

Яркий свет, исходящий от золотой таблички, на которой записаны подвиги веры хозяина дома, буден виден еще от ворот дома. Всякий, кто прочитает, поклонится. Мученичество – великая слава и награда, это гордость и радость Бога. На Небесах нет зла, поэтому люди искренне проявляют уважение и склоняют голову перед теми, кого особенно любит Бог. Как на земле достижения людей отмечают наградной грамотой, так и на Небесах Бог будет вручать специальные грамоты, чтобы отметить тех, кто воздает Ему славу. Аромат и свет от грамот тоже будут различными.

В небесных обителях Бог снабдит каждого неким устройством, которое даст возможность людям видеть воспоминания о своей жизни на земле. Конечно, там будет и что-то похожее на телевидение, с помощью которого вы сможете видеть события прошлого.

Золотой венец и венец праведности

Тем, кто войдет в Новый Иерусалим, будут даны личные дома и золотые венцы или венцы праведности, в соответствии с их делами. Бог лично надевает золотые венцы на головы тех, кто входит в Новый Иерусалим. Вокруг Престола Бога стоят двадцать четыре старца в золотых венцах.

> *«И вокруг престола двадцать четыре престола; а на престолах видел я сидевших двадцать четыре старца, которые облечены были в белые одежды и имели на головах своих золотые венцы» (Откровение 4:4.).*

Здесь «старцы» – не церковный титул старейшины или пресвитера. Так называются праведные и признанные Богом. Они освящены сердцами и вошли в святилище. «Освящены сердцами» - значит, стали духовными и полностью отвергли всякого рода зло. «Вошли в святилище» - значит, выполнили на земле все возложенные на них обязанности.

Число «двадцать четыре» означает всех вошедших в ворота спасения по вере - как двенадцать колен Израиля, и освятившихся - как двенадцать учеников Господа Иисуса. Поэтому двадцать четыре старца – это дети Божьи, признанные Богом и верные всему Божьему дому. Имеющие веру подобно золоту, которое никогда не изменяется, получат золотые венцы. Ожидающие пришествия Господа с нетерпением, как апостол Павел, получат венец праведности.

«Теперь готовится мне венец правды, который даст мне Господь, праведный Судия, в день оный; и не только мне, но и всем, возлюбившим явление Его» (2-ое Тим. 4:8).

Ожидающие явления Господа живут в свете и в истине, их сосуды будут хорошо подготовлены, они будут как невеста, украшенная для жениха. Они получат соответствующие венцы. Апостол Павел не боялся преследований и трудностей, он всегда старался расширить Божье Царство и искал Его праведности во всем, что делал. Он являл Божью славу трудом и терпением. Поэтому Бог подготовил для него венец праведности. Бог даст такой венец всем, кто с любовью ожидает пришествия Господа.

Исполнение желаний сердца

То, что вам больше всего нравится здесь, на земле, но вы отдали Господу, Бог вернет вам в виде чудесных наград в Новом Иерусалиме. Поэтому в небесных обителях есть, что вам так хотелось бы иметь. Если хочется кататься на лодке, у дома будет озеро. Любите гулять по лесу - рядом с вашим домом обязательно будет лес. Кому-то захочется сидеть в тени своего сада за чайным столиком и вести приятные беседы с любимыми, у вас будет и это. Там будут дома с прилегающими лугами, где можно гулять среди цветов и петь вместе с птицами и животными.

Бог поместил в ваш небесный дом все, что вам так хотелось на земле, не упустив ни одной мелочи. Как глубоко тронуто будет ваше сердце, когда вы увидите то, что с большой заботой подготовил для вас Бог! Войти в Новый Иерусалим – уже большая радость и счастье. Вы будете вечно жить в состоянии неизменного счастья, славы и красоты. Куда вы не обратите свой взор, перед вами будут открываться радость и любовь Божья. Мир, комфорт, безопасность Нового Иерусалима будут окружать людей, потому что Бог создал это место для своих любимых детей.

Что бы вы ни делали – гуляли, отдыхали, играли, ели, разговаривали, – вы будете счастливы и радостны. Деревья, цветы, трава и животные на Небесах проявляют любовь. Вы ощущаете славу и величие, исходящие от стен замков, украшений и всего, чем наполнены дома. В Новом Иерусалиме любовь к Богу Отцу подобна источнику вечного счастья, благодарности и радости, который постоянно наполняет вас этими чувствами.

Лицом к лицу с Богом

В Новом Иерусалиме, месте наивысшей славы, красоты и счастья, вы сможете увидеться с Богом лицом к лицу, сможете гулять и разговаривать с Господом и провести вечность со своими любимыми. Ангелы, небесное воинство и люди будут искренне любить вас. Ваши личные ангелы будут прислуживать вам, как царю, исполняя все ваши желания и удовлетворяя все ваши нужды. Захочется полетать – к вашим услугам личный автомобиль из облака.

Если вы войдете в Новый Иерусалим, вы встретитесь с Богом лицом к лицу, будете рядом со своими любимыми, все ваши желания будут исполнены. Вас ждет сказочная жизнь в вечности.

Пиршества в Новом Иерусалиме

Пиры в Новом Иерусалиме будут проходить всегда. Иногда пир будет давать Отец, иногда Господь или Святой Дух. На таких пирах все участники особенно чувствуют радость небесной жизни, изобилие, свободу и красоту. Одетые в наилучшие наряды и украшения, они наслаждаются самой вкусной пищей и напитками. Чудесная музыка, хвала и танцы доставят вам особое удовольствие. Вы увидите, как танцуют ангелы, сможете присоединиться к ним и танцевать перед Богом. Ангелы умеют танцевать гораздо лучше людей, но Бог любит благоухание праведных сердец детей Божьих.

Те из вас, кто на церковных богослужениях славил Бога, будут служить и на небесных пирах, которые станут от этого еще великолепнее. Кто славил Бога пением, танцами и игрой на музыкальных инструментах, будут делать это на небесных пирах. Вы оденете мягкий, невесомый наряд небесного рисунка, прекрасный венец, украшенный драгоценными сверкающими камнями. В сопровождении ангелов вы приедете на пир в автомобиле из облака или в золотом фургоне. Когда вы представляете себе это, вы чувствуете, как сердце бьется от радости и ожидания?

Праздник на воде

Тихо плещется прозрачная, как кристалл, вода небесного моря. Морские рыбы, завидев ваше приближение, приветствуют вас плавниками и выражают вам свою любовь. Разноцветные кораллы при каждом покачивании блестят и переливаются изумительным светом. Какое чудесное зрелище! В море много маленьких островов, и каждый очень красив. Морские суда, подобные «Титанику», курсируют по морю - там тоже проводятся праздники и пиры. На этих судах есть все необходимое для того, чтобы люди могли отдыхать и приятно проводить время: уютные каюты, боулинги, плавательные бассейны, бальные залы. Представить все праздники, ожидающие вас на небесных круизных судах, украшенных значительно великолепнее самых роскошных круизов на земле, где вы будете вместе с Господом и вашими любимыми, – это уже огромная радость.

Кто попадет в Новый Иерусалим?

Те, чья вера подобна золоту, кто с нетерпением ждет явления Господа, кто подготавливается как невеста Господа, войдут в Новый Иерусалим. Каким человеком вы должны стать, чтобы войти в Новый Иерусалим, прозрачный и прекрасный, как кристалл, и наполненный благодатью Божьей?

Люди, имеющие веру, угодную Богу

Новый Иерусалим – место для тех, кто достиг пятого

уровня веры. Они не только освятились сердцами, но продемонстрировали верность всему Божьему дому. Бог хочет исполнить просьбы и желания таких людей, потому что их вера угодна Ему и полностью Его удовлетворяет. Как угодить Богу? Я покажу это на примере. Допустим, отец возвращается с работы и говорит своим двум сыновьям, что хочет пить. Первый сын, зная вкус отца, приносит ему стакан лимонада. Он также усаживает его в кресло, массирует ему плечи, стараясь создать отцу комфортные условия для отдыха, хотя отец не просил его об этом. Второй сын приносит стакан воды и сразу уходит в свою комнату. Ответьте, кто из сыновей больше угодил своему отцу? Кто понимает сердце отца? Хотя сын, который подал стакан воды, выполнил просьбу отца, первый сын доставил отцу больше удовольствия, потому что сделал сверх того, что от него ожидалось.

Разница между теми, кто войдет в Третье Небесное Царство, и теми, кто войдет в Новый Иерусалим, состоит в том, что последние порадуют сердце Бога Отца и проявят верность воле Отца.

Полнота Духа и сердце Господа

Вера, которая действительно нравится Богу, наполняет людей истиной. Такие верующие становятся верными всему Божьему дому. Верность дому Божьему означает служение, превышающее исполнение только своих обязанностей. Это служение с верой Самого Христа, который подчинился Богу до смерти, не заботясь о своей жизни. Поэтому те, кто проявляют верность всему дому Божьему, поступают не по своему рассуждению или пониманию, а только руководствуясь сердцем Господа. Павел пишет в Послании

Филиппийцам 2:6-7: *«Он, будучи образом Божиим, не почитал хищением быть равным Богу; но уничижил Себя Самого, приняв образ раба, сделавшись подобным человекам и по виду став как человек».* Он проявил послушание до смерти, чтобы выполнить волю Бога. За это Бог превознес Его, дал Ему имя выше всех имен, посадил Его одесную Престола Бога в славе и дал Ему власть быть Царем царей и Господом господствующих. Как Иисус, вы должны безусловно подчиниться Божьей воле, тогда проявится ваша вера, которой вы войдете в Новый Иерусалим. В Новый Иерусалим войдет только тот, кто понимает сердце Бога. Такой человек угождает Богу, потому что он выполнит волю Божью даже ценой своей жизни.

Бог очищает своих детей, ведет их таким путем, чтобы их вера становилась, как золото, чтобы они обрели Новый Иерусалим. Как искатели на золотых приисках долго промывают породу, пока не появится золото, так Бог следит за своими детьми, за тем, как изменяются их души, как они омываются от своих грехов Его Словом. Когда Он находит детей с верой золота, Он радуется, потому что, несмотря на муки, разочарования и боль, Он достиг цели человеческого развития. Входящие в Новый Иерусалим – Его истинные дети. Он долго ждал, пока они изменятся, обретут сердце Господа и полноту духа. Они дороги Богу, Он их любит. Поэтому в Первом послании к Фессалоникийцам 5:23 Павел умоляет: *«...и ваш дух и душа и тело во всей целости да сохранится без порока в пришествие Господа нашего Иисуса Христа».*

С радостью исполнить долг мученика

Мученичество – это смерть за веру. Это требует от верующего огромной решимости и глубокой посвященности. Отдавший жизнь за веру, выполняя волю Божью, получит славу Небес. Каждый, кто входит в Третье Царство или Новый Иерусалим, имеет веру мученика, но тот, кто становится мучеником, получит большую славу. Мучеником может стать человек, чье сердце к этому готово, кто достиг освящения, полностью исполняет свои обязанности. Его ожидает награда за мученичество.

Однажды Бог открыл мне славу служителя моей церкви, которую тот получит в Новом Иерусалиме, когда исполнит долг мученика за веру. Когда он войдет на Небеса, исполнив долг, он увидит свой небесный дом и заплачет от благодарности к Богу за Его любовь. У ворот его дома - большой сад с цветами, деревьями и многими украшениями. Из сада к дому проложена золотая дорога, а цветы прославляют достижения хозяина и услаждают его своими ароматами. Птицы с золотым оперением сверкают на ветвях деревьев. Бесчисленные ангелы, животные и птицы прославляют мученика и приветствуют его. А когда он ходит по дорожкам из цветов, его любовь к Господу исходит от него прекрасным ароматом. Его сердце выражает постоянную благодарность: «Из любви ко мне Господь поручил мне великое дело! Сейчас Отец окружил меня своей любовью!».

Интерьеры дома украшены драгоценными камнями: сердоликом и сапфиром. Красный как кровь сердолик показывает, что этот верующий, подобно апостолу Павлу, без сожаления, со страстной любовью к Господу отдал свою жизнь. Сапфир символизирует неизменное, праведное сердце, верность истине до самой смерти. Эти камни увековечивают мученичество. На стенах дома с внешней стороны рукой Бога записаны все события жизни этого человека: когда он стал мучеником, при каких обстоятельствах он исполнил волю Бога. Когда верующие становятся мучениками, они славят Бога и произносят слова хвалы. Эти слова записаны на стене. Надпись сияет славой, источает благодарность и счастье. Как величественно то, что пишет Бог! Каждый приходящий в дом кланяется перед этой сделанной рукой Бога надписью!

Стены гостиной увешаны фресками. На рисунках изображено, как этот человек вел себя с тех пор, как встретился с Господом, какие дела совершил, каким было его сердце. В одном углу сада собрано большое количество спортивного снаряжения, сделанного из чудесных неземных материалов. Бог создал это снаряжение, чтобы утешить и порадовать верующего, отказавшегося от спорта во имя служения. Гантели сделаны не из стали или какого-то металла, как на земле, они выполнены специальным способом и украшены особо. Удивительно, но они меняют вес в зависимости от того, кто упражняется с ними. Это снаряжение создано не для того чтобы поддерживать человека в форме, а как сувенир, как источник комфорта.

Как он принимает все то, что Бог подготовил для него? Ему пришлось оставить все свои занятия во имя Господа, но сейчас его сердце утешено. Он очень благодарен Богу Отцу за Его любовь. Он не может сдерживать слез счастья, потому что нежное и любящее сердце Бога подготовило для него все, чего он только мог пожелать, не упуская ни одной мелочи.

В полном единстве с Господом и Богом

В Новом Иерусалиме Бог показал мне дом, сравнимый по размеру с городом. Я поразился размерами, красотой и величием дома. В огромном доме я увидел двенадцать ворот – по трое на север, юг, восток и запад. В центре – замок из трех этажей, украшенный чистым золотом и различными драгоценными камнями. На первом этаже располагается огромный холл и много гостиных. Они используется для банкетов и встреч с друзьями. В комнатах второго этажа хранятся венцы, одежда, сувениры. Там есть комната для приема пророков. В комнатах третьего этажа хозяин дома встречается с Господом. Замок окружен стенами, заросшими прекрасными цветами. Цветы источают тонкий и приятный аромат. Река воды жизни мирно течет вокруг замка. Над рекой высятся арочные мосты из облаков цвета радуги. Довершают красоту замка прилегающий парк с цветами и деревьями и располагающийся за рекой огромный лес. Там есть парк развлечений. Аттракционы украшены драгоценными камнями. Когда качели-карусели двигаются, то все переливается сверкающим разноцветным светом. От парка развлечений широкая цветочная дорога ведет вас на луг, где мирно играют и пасутся животные.

Вокруг этого дома располагаются другие дома и постройки, они все нарядно украшены и сияют таинственным светом. Рядом с садом есть водопад, а за холмами видно море, по которому плавает круизное судно, похожее на «Титаник». Представляете, все это принадлежит одному дому. Вот какие большие дома в Новом Иерусалиме. Этот дом, скорее похожий на целый город, является местом туризма на Небесах и привлекает многих не только с Нового

Иерусалима, но и со всех Небес. Люди получают здесь удовольствие и делятся любовью Бога. Бесчисленные ангелы служат хозяину дома, ухаживают за зданиями и постройками, сопровождают автомобиль из облака, славят Бога музыкой и танцами. Здесь все подготовлено для вечного счастья и комфорта.

Бог приготовил этот дом для человека, прошедшего через испытания с верой, надеждой и любовью и приведшего многих людей на путь спасения словом жизни, демонстрируя Божью силу, любя Бога превыше всего.

Бог любви помнит ваше служение и слезы и вознаграждает вас по вашим делам. Он желает, чтобы через жертвенную любовь мы воссоединились с Ним и Господом и стали духовными тружениками в деле спасения.

Имеющие угодную Богу веру могут соединиться с Богом и Господом самопожертвенной любовью, потому что сердцами они уподобились Господу, исполнились полнотою Духа и готовы отдать свою жизнь за веру. Они истинно любят Бога и Господа. Даже если бы не было Небес, они не сожалели бы о своих потерях на земле. Потому что исполнять Слово Божье и работать для Господа радостно и приятно.

Конечно, истинно верующие живут надеждой получить от Господа награды на Небесах, как обещано в Послании к Евреям 11:6: «А без веры угодить Богу невозможно; ибо надобно, чтобы приходящий к Богу веровал, что Он есть, и ищущим Его воздает».

Тем не менее, им не важно, есть Небеса или нет, есть награды или нет, потому что существует нечто более ценное. Они счастливы, что встретят Бога Отца и Господа. Не встретиться с Богом Отцом и Господом – для них большее несчастье и печаль, чем не получить наград или обителей.

Те, кто демонстрируют немеркнущую любовь к Богу и Господу, отдавая за веру жизнь, даже если бы счастливая небесная жизнь не существовала, соединены с Отцом и Господом, своим Женихом, самопожертвенной любовью.

Апостол Павел, жаждавший явления Господа и много претерпевший в служении, приводя души ко спасению, признался:

> *«Ибо я уверен, что ни смерть, ни жизнь, ни Ангелы, ни Начала, ни Силы, ни настоящее, ни будущее, ни высота, ни глубина, ни другая какая тварь не может отлучить нас от любви Божией во Христе Иисусе, Господе нашем»*
> *(Послание к Римлянам 8:38-39).*

Новый Иерусалим – место, где соберутся дети Божьи, соединившиеся с Богом Отцом именно такой любовью. Новый Иерусалим, прекрасный, как кристалл, где царят невообразимое, переполняющее счастье и радость, подготовлен для верующих.

Любящий Бог Отец желает, чтобы каждый мог не только обрести спасение, но и восшел в Новый Иерусалим, сердцем уподобившись святому и совершенному сердцу Господа.

Я молюсь именем Господа, чтобы вы поняли, что Господь, восшедший на Небеса подготовить обители для вас, скоро вернется. Исполняйтесь полнотою Духа, храните себя непорочными, станьте прекрасной невестой. Я молюсь, чтобы каждый мог сказать: *«Ей, гряди, Господи Иисусе!»*.

Автор
д-р Джей Рок Ли

Д-р Джей Рок Ли родился в городе Муан, в провинции Джэоннам Южной Корейской Республики, в 1943 году. Начиная с двадцати лет, д-р Ли страдал от различных неизлечимых заболеваний и в течение семи лет жил в ожидании смерти, без всякой надежды на исцеление. Но однажды, весной 1974 года, сестра привела его в церковь, где он, упав на колени, молился, и Живой Бог сразу исцелил его от всех болезней.

С той минуты, как д-р Ли чудесным образом встретился с Живым Богом, он искренне возлюбил Его всем сердцем, и в 1978 году он был призван на служение Богу. Он усердно молился и неустанно постился, чтобы ясно понять волю Божью, полностью исполнить ее и повиноваться каждому слову Божьему. В 1982 году он основал Центральную церковь «Манмин» в городе Сеуле (Южная Корея), и с того момента бесчисленные дела Божьи, включая чудесные исцеления и знамения Божьи, были явлены в этой церкви.

В 1986 году д-р Ли был рукоположен в сан пастора на ежегодной Ассамблее Корейской церкви Христа в Сингкуоле, а спустя ещё четыре года, в 1990 году, его проповеди начали транслироваться в Австралии, России, на Филиппинах и во многих других странах, а также по каналам «Дальневосточной вещательной компании», «Азиатской вещательной компании» и «Вашингтонской христианской радиостанции».

Через три года, то есть в 1993 году, журнал «Христианский Мир» (США) внес Центральную церковь «Манмин» в список пятидесяти лучших церквей мира; колледж Христианской веры в штате Флорида (США) присвоил д-ру Ли степень почетного доктора богословия, а в 1996 году Теологическая семинария Кингсвэй (штат Айова, США) присвоила ему степень доктора христианского служения.

С 1993 года д-р Ли, проведя крусейды в Израиле, США, Танзании, Аргентине, Уганде, Японии, Пакистане, Кении, на Филиппинах, в Гондурасе, Индии, России, Германии и Перу, вошел в ряд лидеров мировой миссионерской деятельности.

В 2002 году, за его труд по проведению ряда впечатляющих объединенных крусейдов, ведущие христианские газеты Кореи назвали его «пастором всемирного пробуждения». Особенно отмечена его Нью-Йоркская евангелизационная кампания 2006 года, прошедшая в «Madison Square Garden», которая транслировалась в 220-ти странах мира.

Также особо отмечен Объединенный крусейд в Израиле в 2009 году, прошедший в международном Центре конгрессов Иерусалима, когда Иисус Христос был открыто провозглашен Мессией и Спасителем. Тогда проповеди д-ра Джей Рока Ли через спутниковое вещание транслировались на 176 стран.

В 2009-м и 2010 годах ведущий христианский мега-портал «In Victory», а также новостное агентство *Christian Telegraph* назвали д-ра Ли одним из 10-ти ведущих христианских лидеров мира.

По данным на сентябрь 2017 года, Центральная церковь «Манмин» объединяет более 130.000 членов. У церкви более 11.000 дочерних и ассоциативных церквей во всем мире, включая 56 филиала в самой Корее. Кроме того, более 98-ти миссионеров направлены в 23 страны, включая США, Россию, Германию, Канаду, Японию, Китай, Францию, Индию, Кению и многие другие страны.

На момент публикации этой книги д-р Ли написал 109-х книг, в том числе такие бестселлеры, как *Откровение о вечной жизни в преддверии смерти*, *Моя Жизнь, Моя Вера* (I и II), *Слово о Кресте*, *Мера Веры*, *Небеса* (I и II), *Ад* и *Сила Божья*. Его книги уже переведены на 76 языков мира.

Его статьи на тему христианской веры регулярно публикуются в следующих периодических изданиях: *The Hankook Ilbo, The JoongAng Daily, The Chosun Ilbo, The Dong-A Ilbo, The Hankyoreh Shinmun, The Seoul Shinmun, The Kyunghyang Shinmun, The Korea Economic Daily, The Shisa News* и *The Christian Press*.

В настоящее время д-р Ли возглавляет многие миссионерские организации и ассоциации. Он, в частности, является главой правления Объединенной церкви святости Иисуса Христа, президентом Международной миссионерской организации Манмин, основателем и главой правлений «Глобальной христианской сети» (GCN), «Всемирной сети врачей-христиан» (WCDN) и Международной семинарии Манмин (MIS).

Небеса II: преисполненные славы Божьей

Книга приглашает вас в Святой Город Новый Иерусалим, посреди бескрайних блистательно великолепных как самые драгоценные бриллианты небес, врата которого сделаны из сияющих жемчужин.

Ад

Бог искренен в своем послании человечеству, так как желает, чтобы ни единая душа не оказалась в бездне ада! Вы узнаете о чудовищной жестокости Нижней могилы и ада.

Слово о Кресте

Действенная пробуждающая проповедь для всех, кто пребывает в духовном сне. Прочтя эту книгу, вы узнаете, почему Иисус является единственным Спасителем и истинной любовью Бога.

Откровения о вечной жизни в преддверии смерти

Воспоминания-исповедь преподобного д-ра Джей Рока Ли, рассказ о рождении свыше, спасении и жизни человека, ведущего христианскую жизнь, достойную подражания.

Мера Веры

Какая обитель и какие венцы и награды приготовлены для вас на Небесах? Эта книга содержит в себе мудрость и наставления, необходимые для того, чтобы измерить свою веру и взрастить ее до меры полной зрелости.